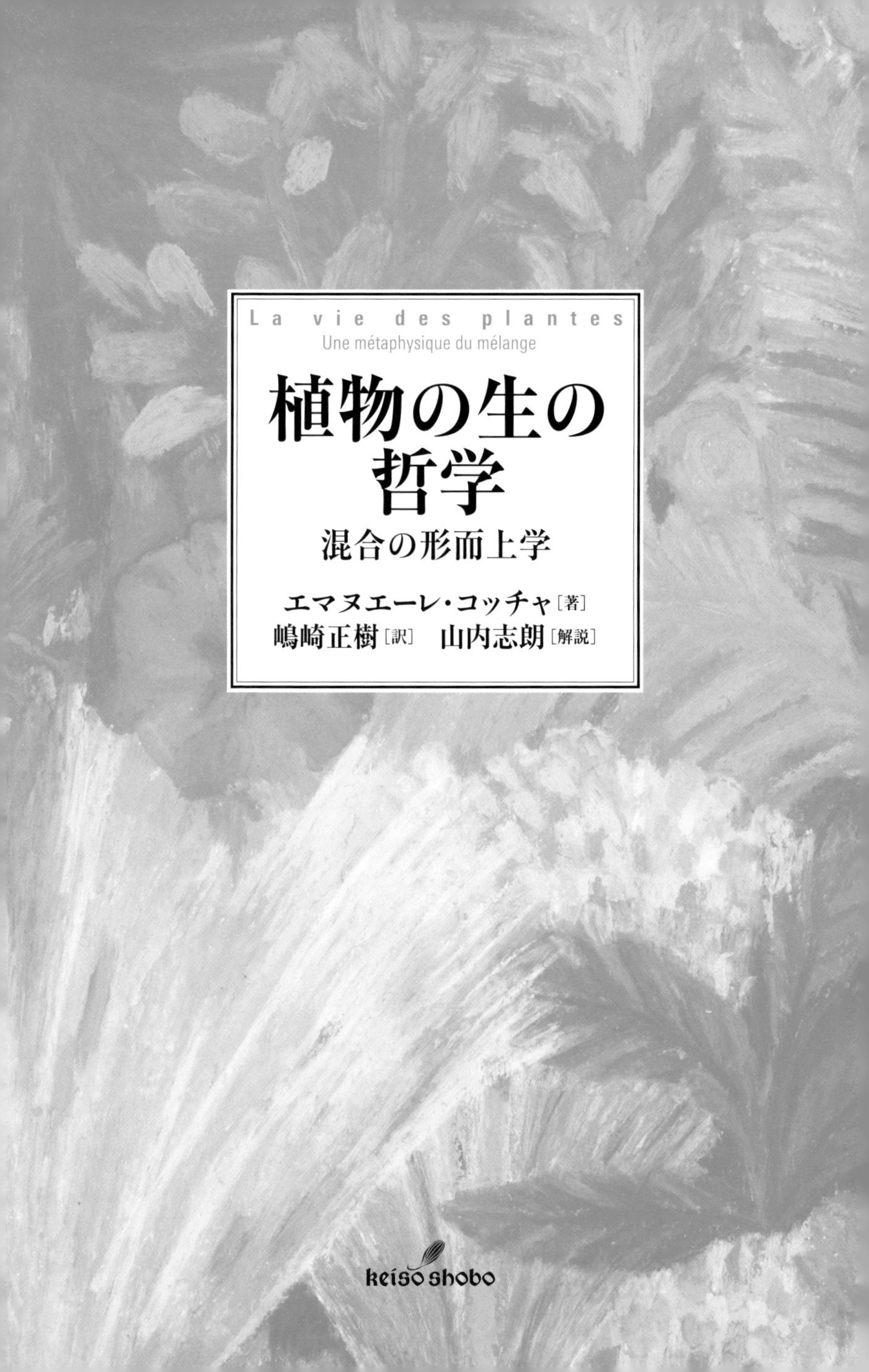

La vie des plantes

Une métaphysique du mélange

植物の生の哲学

混合の形而上学

エマヌエーレ・コッチャ［著］

嶋崎正樹［訳］　山内志朗［解説］

keiso shobo

LA VIE DES PLANTES
by Emanuele Coccia

Japanese translation published by arrangement with
Editions Payot & Rivages
through The English Agency (Japan)Ltd.

植物の生の哲学——混合の形而上学

マッテオ・コッチャ（一九七六〜二〇〇一）に捧ぐ

凡例

一、（　）は著者による挿入、［　］は訳者による補足を表す。

一、一段落が長い場合には、適宜改行を入れた。通常の改行は訳者による改行、半行以上空けられた改行は著者による改行である。

一四歳から一九歳まで、わたしはイタリア中部の人里離れた田舎で、地方の農業高校に在籍した。それは「本当の手職」を学ぶためだった。そのためわたしは、友人たちが皆やっていたような古典語や文学、歴史や数学の習得に打ち込む代わりに、植物学や植物病理学、農業化学、野菜の栽培技術、昆虫学などの書物を読んで青春時代を過ごした。植物そのもの、植物が必要とするもの、植物の病理などが、その学校で学ぶべき学科の最たるものだった。日々接するそうした学科と、当時は自分からかくも遠くにあるかに思えた対象へのその応用とが、わたしの世界観を決定的にかたちづくることになった。本書は、植物の本性、文化と称されるものへの植物の沈黙、そのあからさまな無関心について考察しつづけたその五年間に生まれた思想を、蘇らせようという試みである。

――あらゆる物体に共通するだけでなく、すべての魂や精神にも共通するような実体が、一つだけ存在しているのは明らかである。それは神にほかならない。あらゆる物体のもとになっている実体、それは質料と呼ばれる。あらゆる魂のもととされる実体、それは理性もしくは精神と呼ばれる。そして神こそが、あらゆる精神にとっての理性、あらゆる物体にとっての質料であることは明らかである。

ディナンのダビデ

――青い地球ではあるけれども、それは緑の世界でもある。

カール・J・ニクラス

I

プロローグ

1　植物、あるいは世界のはじまり

わたしたちが語ろうとするやいなや、それらの名はわたしたちの言葉をすり抜けてしまう。哲学は古くから、不注意というよりも侮蔑から、それらを無視してきた。[*1] それらは宇宙にとってのお飾り、あるいは認識の場の片隅にのさばる、本質的ではない彩色された偶然の産物と見なされている。現代の大都市圏では、都市を彩る表面的な装飾品として扱われてさえいる。だが都市部の外壁の外でなら、それらがむしろあるじである。それらとはつまり雑草のことだ。いわば大量生産される対象物である。

植物は、わたしたちの文化を定義づける、こういってよければ形而上学的な衒学趣味からすると、常に開いた傷口のようなものだ。抑圧されたものの回帰といってもよい。わたしたちは、自分たちを特異な存在、つまり人間的あるいは理性的存在、精神的存在と見なすために、その抑圧されたものを厄介払いしなくてはならない。植物は、いわば人間中心主義の宇宙に生じた腫瘍、絶対的精神をもってしても廃絶できない廃棄物なのである。

生命科学もまた、それらを無視している。「動物についての知識をベースとして設計された現在の生物学は、事実上、植物を一顧だにしない」[*2]。「標準的な進化論の文献は、動物学が中心となっている」。生物学の教科書は「生物の系統樹を生きながらえさせ育んできたものとしてではなく、むしろその系統樹の飾りとして、渋々植物を取り上げるにすぎない」[*3]。

そうであるのは、単に認識論的な不十分さのせいばかりではない。「わたしたちは動物であるがゆえに、より直接的に、植物よりも他の動物に自分自身を重ね合わせる」[*4]のだ。

こうして科学者やラディカルな環境保護運動、市民社会などは、数十年前から動物の解放に関わるようになった[*5]。また人間と動物の分断（哲学からすると、それは人類学的なからくりにすぎない）[*6]を糾弾する姿勢は、知識人のあいだでの常套句にもなった。だが思うに、動物のいのちが植物のいのちよりも重んじられること、動物の生殺権が植物のそれよりも優位に置かれることについては、誰もまったく問いに付そうとしてこなかった。個性も尊厳もないとされる植物には、自発的な感情移入も、高等生物に対してなら抱くことができる道徳観も、ふさわしくないとされるのである[*7]。

動物をめぐるわたしたちの排外主義[*8]は、「植物がもつ真理との関係をなかなか認められない動物論の言説」[*9]を、あえて踏み越えようとはしない。その意味で、反・種差別［ヒト以外の差別に反対する］的動物主義は、進化論を内面に取り込んだ人間中心主義にすぎない。それは人間のナルシシズムを動物の領域にまで拡張したものといえるだろう。

一方の植物の側は、そのように拡張された人間側の無視に、影響を受けてはいない。植物は、人間世界、諸民族の文化、王国の交替や時代の変化などを、まったく意に介さない。植物は、長く無音のまま続く化学反応のまどろみの中をたゆたい、うわのそらであるかのようだ。もちろん植物に感覚はないが、ロックイン状態［身体が動かず、閉じた状態］というわけではない。植物ほど、自分たちを取り巻く世界に密着している生物はいない。

わたしたちは感覚器官によって世界の形状を区別し、その音や色の多様な変化を感じとり、そうした中で世界の多様なイメージを認識するが、そのような耳や目を植物はもたない。[*10]だが植物は、自身が出会う限りでのすべての世界に、全身でもって参与している。

植物は走ったり飛んだりはできない。空間内の特定の場所を選り好みすることもできず、もとからいる場所にとどまり続けるしかない。植物にとっての空間は、それぞれ地理的な特徴をもった、碁盤の目のように分割されているものではない。植物が占める天と地の一角に、植物の世界は集約されている。

大半の高等生物とは異なり、植物には、自分を取り巻く環境との関係を選択的に結ぶことができない。植物は周囲の世界に常に晒されていて、晒される以外にない。植物の生命とは、環境との絶対的な連続性のもとで、全体的な交感を通じて、自分をすっかりさらけ出すしかない生命なのだ。

可能な限り世界に密着するために、植物は体積よりも面積を優先するかたちで、身体を発達させている。「植物の場合、体積に対する面積の比がきわめて高く、そのことが最も特徴的な性質となってさえいる。文字通り環境に拡がるその広大な面積を通じて、植物は成長に必要な、空間に拡散したリソースを取り込んでいる」[*11]。植物に運動が存在しないことは、植物が自身とその環境に生じる出来事に、全面的に密着していることの裏返しなのだ。

植物を受け容れている世界からその植物を分離することは、〈物理的にも形而上学的にも〉できない相談だ。植物は世界に在るもののうち、最も強烈、最もラディカルで、最も範列的な形態である。植物について問うとは、世界に在るとはどういうことか理解することにほかならない。植物は、生命が世界と結びうる最も密接な関係、最も基本的な関係を体現している。

逆もまた真なりである。すなわち植物は、世界をその全体として眺める最も純粋な観察者でもある。植物の生命は太陽の光や雲のもとで、水や風に溶け込み、飽くことなく宇宙を眺めている。諸々の対象や物質を区別することもない。別のいい方をするなら、世界と溶け込むにいたるまで、あるいは世界の実体と合致するにいたるまで、あらゆるニュアンスを受け容れているのだ。世界とは何かを理解することなしに、わたしたちは決して植物を理解することはないだろう。

2　生命領域を拡張する

植物は、他の生物がほぼすべてそうであるように、人間世界から星との距離ほどもかけ離れて生きている。この隔たりは単に文化的な幻影なのではなく、より深い本性に根ざしている。隔たりの根底には代謝機能の違いがある。

ほぼすべての生物の生存には、ほかの生物の存在が欠かせない。あらゆるかたちの生命は、世界にあらかじめ別の生命がいることを前提とする。人間には動植物が産み出す生命が必要だ。高等生物は、食物連鎖のプロセスを通じて相互にいのちをやり取りせずには生存できない。生きるとは基本的に、他者の生を生きることなのだ。ほかの生物が作り上げた、もしくは見いだした生命の中で、その生命を通じて生きるのである。生物の領域にはある種、固有の寄生関係、あるいは共食いの関係が存在する。

生物は一般に、自分で食物を摂取し、自分のことばかり気にかけているが、それは別の形態、別の存在様式を作るために自分自身が必要だからだ。生物はこの上なく複雑化し、他から明確に区別された形態をもちながらも、さながら宇宙的規模で繰り返される類語反復［同じようなことの繰り返し］でしかないかのようだ。生物はひたすら自分自身を参照して自分自身を産出していく。だからこそ、生命は生命そのものからしか説明できないのである。

だが植物だけは違う。植物だけは、生物の自己参照における唯一の裂け目を表している。

この意味からすると、高等生物は一度も、生命のない世界と直接的な関係を結んだことがない。あらゆる生物にとって最初に触れる環境は、同じ種の、さらには他の種の個体からなる環境である。生命というものは、〈自分自身が生きる環境、自分自身にとっての場所にならなくてはならない〉もののように思われる。ただし植物だけは、そうした「自己包摂的なトポロジーのルール」に背いている。植物は生存のために他の生物の仲介を必要としない。それを望むこともない。植物が求めるのは世界だけ、最も基本的な構成要素からなる現実だけなのだ。構成要素とはすなわち石や水、空気、光などである。

植物は、様々なかたちの高等生物が世界に住み着く前に、世界を見いだしていた。現実をその最も古い形態において見いだしていたのだ。ほかの有機体が生命を見いだせないところに生命を見いだしてきた、といってもよい。植物は、自身が触れるすべてのものを生命に変容させる。物質、空気、太陽光などから、やがてほかの生物にとっての生息空間となるもの、世界となるものを作り出すのである。

ミダス王［ギリシア神話で、触れるものをすべて黄金に変える能力をもつとされる］のごとき力、つまり触れるものすべて、存在するものすべてを食料に変える力には、独立栄養という名称がついている。独立栄養は食料自給のいわば根源的な形態だが、それだけにとどまらない。それはなによりもまず、植物に見られる能力のことをいう。つまり宇宙に拡散された太陽エネルギーを生命体に変え、世界を構成するいびつで雑多な素材を、まとまりや秩序、統一性をそなえた現実に変える能力である。

世界とは何かを植物に問う必要があるというのは、まさしく植物こそが〈世界を作り上げている〉からだ。大多数の有機体にとって、世界とは植物的生命の産物、いわば悠久の昔からの、植物による惑星全体の植民地化の産物だ。「動物の身体はすべて、植物によって産み出された有機物から構成されている」[*1]。

だがそれだけではない。「高等植物は、地球上に生息する細胞核をもった生物のバイオマス［生物の総量］のうち、九〇％を占めている」[*2]。わたしたちを取り巻くモノや道具（食料、動産、衣料、燃料、医薬品）はすべて植物に由来するし、とくに高等生物（好気性を特徴とする）はすべて、植物が行う気体の有機的な交換（酸素の排出）によって生きている。わたしたちの世界は、動物的事象である以前に植物的事象なのだ。

植物を普遍的な生気の原理、心的現象の原理として描き、植物が世界の始原に位置づけられることをはじめて考察したのはアリストテレス哲学だった。古代から中世にかけてのアリストテレス哲学にとって、植物的生命（プシュケー・トロフュケー）とは、単に特殊な生命の形式的カテゴリーとか、他から区別された分類学的な単位とかではなかった。それは動物・植物・人間などの区別とは関係のない、あらゆる生物によって共有される一つの場にほかならない。植物は「あらゆるものに生命が宿る」[*3]ための拠り所となる原理なのだ。

植物により、生命とはまずもって生物の〈循環〉として定義される。だからこそ生命は、種や生存領域、生活様式などが異なる様々な形態が拡散することとして成立するのである。しかしながら植物は、生物と無生物、精神と物質の中間物ではない。宇宙を分け隔てる要因ではない。

植物が陸地に出現し繁殖したことによって、多くの物質と大量の有機物が生み出され、高等生物はそれをもとに自身を構成し育んだ。だがそれにもまして植物がとりわけ恒久的に変化させたのは、地球の様相そのものだった。つまり、植物の光合成によって大気は酸素を多く含むようになったのである。*4

高等生物が自身の生存に必要なエネルギーを生み出せるのも、やはり植物の、そしてその生命のおかげである。植物によって、また植物を通じて、わたしたちの地球は大気を産出するようになり、地表を覆う生物たちも呼吸ができるようになった。植物の生命とは現実世界のコスモゴニー［宇宙生成論］であり、わたしたちのコスモス［宇宙］を恒久的に生成しているものなのだ。その意味で植物学は、ヘシオドス［農耕を歌った古代ギリシアの叙事詩人］的な語り口を再び見いださなくてはならないのかもしれない。光合成が可能なあらゆる形態の生命を、人間的ではない物質的な神々として、また新世界を築くために暴力を必要としない穏やかな巨人族として描き出すのである。

こうした観点からすると、この数世紀におよぶ生物学や自然科学の支柱の一つを、植物は困惑させることにもなるだろう。すなわち生物に対する環境の優位性、生命に対する世界の、主体に対する空間の優位性を。

植物とその歴史、その進化は、生物が環境に適応せざるをえないのではなく、むしろ生物みずからが、自分が生きる環境を産み出しているのだということを証している。

植物は、こういってよければ世界の形而上学的な構造を恒久的に変化させてしまった。わたしたちは物理的な世界を、あらゆる対象からなる一つの全体、かつてあったもの、今あるもの、将来あるであろうものの全体空間として捉えるよう促される。もはやその外にいかなる外部、いかなる絶対的な「容れもの」をも許容しない、決定的な地平である。だが植物は、自身がその一部をなす世界、自分が内容物となる世界を可能にすることによって、コスモスを支配しているかに思えたトポロジカルなヒエラルキーを破壊してしまうのだ。

植物は、生命とは容れものと内容物の非対称性を解消するものだということを証してみせる。生命があるところでは、容れものは内容物のうちに散らばり（ゆえに内容物に含まれ）、〈逆もまた真〉となる。

この相互の入れ子状態のパラダイムは、古代の人々がすでに息吹（プネウマ）と呼んでいたものである。息を吐き、息を吸うことは、次のような経験をすることにほかならないからだ。わたしたちを含むもの、すなわち空気は、わたしたちの中に含まれるものにもなり、逆にわたしたちの中に含まれていたものは、わたしたちを取り巻くものにもなるのである。息をするとは、わたしたちが入っていくのと同じ強さでもってわたしたちの中に入ってくる環境に、身を浸すことを意味する。

植物は世界を「息吹」という現実に変えた。本書でわたしたちは、生命がコスモスにもたらしたそのトポロジカルな構造を出発点として、世界という概念についての詳述を試みたいと思う。

3 植物、または息づく精神

植物は、世界を操作できるような手をもたない。けれども、かたちの構築において植物以上に手慣れた操作手を見つけるのは難しい。植物はわたしたちが住む宇宙における最も繊細な職人だ。だがそれだけではない。様々なかたちが織りなす世界を生命に対して開き、世界を無限の形象化の場にした種族でもある。大地は高等植物によって、様々な形態が創発し物質が彫琢されるコズミックな空間、そしてラボとなったのだ。[*1]

手をもたないことは不足のしるしではない。むしろそれは、自分が絶えず彫琢している素材に、余すところなく身を浸していることの結果だ。植物は自分たちが作り出すかたちにぴたりと一致する。植物にとってすべてのかたちは存在そのものの諸変化なのであって、行為や作用だけの変化ではない。かたちを造るとは、自身の存在のすべてをもってそのかたちを経験することなのだ。ちょうど人が、年齢別・段階別におのれの実存を経験するように。

創作行為や技術は、変容のプロセスから創造者・産出者だけは排することを条件に、かたちを変容させることができる。その意味で行為や技術は間接的・抽象的なのだが、植物はその対極として、直接的な変容を突きつけてみせる。つまり植物が産出するとは、常に自分自身の変化を意味するということだ。

意識には、自己自身からかたちを引き離す、あるいはかたちにもとづく現実から当のかたちを引き離すことでしか、そのかたちを思い描けないというパラドクスがある。これに対して植物は、主体・物質・想像力の絶対的な密着性を表してみせる。植物においては、想像するとは、想像する当のものになるということなのである。

話は密着性と直接性に限らない。植物におけるかたちの生成は、ほかのどんな生物にも到達しえない強さにまで達している。高等生物の場合、ひとたび性的な成熟段階に達すると、個体の発育は止まってしまうが、植物はそれとは異なり、発育と成長は止むことを知らない。とくに、失われたり処分してしまったりした自身の身体に、新たな器官、新たな部分を絶えず増築していく（葉、花、幹の一部など）。植物の身体は形態を生成する工場なのであり、それには休業などない。

植物的生命は、世界を変容させるためのコズミックな蒸留器にほかならない。あらゆる形態に誕生を促し（別のかたちをもつ個体をもとに自分自身を構成する）、成長させ（時間の経過に伴って自分の形態を変化させる）、他と異なるものとして再生を進め（変化を前提としながら増殖していく）、やがて死にいたらしめる（異なるものが同一のものにまさるようにする）、そういう潜在力なのである。植物は、いわば生物の生物学的事象を美学の問題に移し替える変換器だが、それればかりではない。そうした美学の問題をもとに、生と死について問いかけもする。

またそれゆえに、精神というものを擬人的な影にまで矮小化したデカルト主義的近代よりも以前、植物は何世紀にもわたり、理性の存在を示す範例的な形式として考えられてきたのである。つまり〈自己彫琢にはげむ〉精神と見なされてきたのだ。植物と精神との一致を推測させるもの、それは種子だった。まさに種子において、植物的生命はその合理性を余すところなく示すからである。なんらかの現実が、ある形式的なモデルから産出され、しかもそこに誤りなどいっさいないのだ。*2

それは実践や生産における合理性に類するような合理性である。しかしながら植物が示す合理性はより深いものであり、いっそう根源的でもある。なぜならその合理性は、コスモス［宇宙］全体に関わるものであり、特定の生物にのみ関係するのではないからだ。つまりそれは、個別の生物が生成するにあたって、世界そのものを巻き込む合理性なのである。

別のいい方をするなら、種子における合理性とは、もはや単なる心的現象の一機能（動物のものであれ人間のものであれ）ではなく、また、存在する一個体の属性でもなく、コスモス的な事象なのである。コスモスの存在様式、その物質的な現実だ。植物は生存するために、世界と混合しなくてはならない。そして植物は種子のかたちでのみ、それが可能なのだ。つまり種子とは、合理性の営みが物質の生成変化と共存する空間なのである。

このストア派的な考え方は、プロティノス［新プラトン主義の創始者といわれる三世紀の哲学者］やアウグスティヌス［五世紀のキリスト教の教父］を経由して、ルネサンス期の自然哲学を支える柱の一つとなった。ジョルダーノ・ブルーノ［一六世紀イタリアの哲学者］はこう記している。「普遍的な知性はあらゆるものを満たし、宇宙を照らし、様々な種の産出へと自然を適切に導きます。普遍的な知性と自然な事物の産出との関係は、わたしたちの精神と理性的な種の秩序立った産出との関係に等しいのです（中略）。マギたちは知性のことを、きわめて豊穣な種子、あるいは種蒔く者と称しています。その者こそがあらゆる形相に質料を浸透させ、また目的もしくは条件に即して姿を整え、かたちを与え、結合するからです。その際の構想は実に感嘆すべきものであり、区別したり秩序づけたりすることのない偶然や原理に帰することなど、とうていできないほどです（中略）。プロティノスはその者を称して、父、そして創造主と述べています。なぜならその者は、自然の畑に種子を蒔く者であり、最も身近な形相の分配者であるからです。われわれからすると、その者は内的な芸術家と称されてもよいでしょう。なぜならその者は、蕾や根の内部のように、内面から物質とかたちを作り上げるからです。幹を発出・成長させ、幹から最初の枝を分かれさせ、主要な枝から派生的な枝を分かれさせ、それらの枝から発芽させるのです。葉や花や果実などに、内部からかたちを与え、姿を整え、ある種の神経網のごとくに広げていきます。またしかるべき時に内部から、葉や果実の樹液を、分岐した枝へと戻し、分岐した枝から主要な枝へ、枝から幹へ、幹から根へと戻すのです」[*3]。

アリストテレス哲学の伝統が行ってきたように、合理性とは形相の場（ロクス・フォルモールム）、世界が受け容れることのできるすべてのものの保管場所であると認識するだけでは十分ではない。合理性は世界の形相因であるとともに作用因でもあるからだ。合理性が存在するとしたら、それは世界を織りなす各々の「かたち」の生成を定義づけるものにほかならないだろう。

種子とよく混同される形相が、単に仮想的な存在であるのに対して、種子はそのまさに正反対をなす。穀物のタネは形而上学的な空間をなしており、そこでの「かたち」はもはや純粋な見た目や視覚の対象を定義したりはしないし、実体にとって単なる偶有にすぎないものを定義したりもしない。そこで定義づけられるのはむしろ「運命」だろう。

この場合の運命とは、まずは個々の個体が実在するための個別の先行きの見通し、しかも完全かつ絶対的な見通しでもあるようなものをいう。と同時に、そうした個体の実在について理解させてくれるもの、また、単に主観的ではない〈コズミックな〉事象としてその実在を作り上げる、すべての「出来事」について理解させてくれるものでもあるだろう。

そのような場にあっては、想像するとはもはや、動かない非物質的な像を目のまえに置くことではない。そうではなく、世界とその物質の一部を〈個別の生命〉に変容させてしまうような力を、観想することにほかならない。想像することによって、種子は生命を必然的なものに変え、みずからの身体を世界の流れと調和させる。種子とはまさしく、かたちがもはや世界の内容物ではなく、世界の存在そのもの、世界の生命のかたちそのものをなすような場をいうのである。

〈(合)理性とは種子のことである〉。なぜなら〈近代が執拗に考察しようとしてきたこととは違い〉、合理性とは不毛な観想の空間ではないし、形相が志向的に存在する空間でもなく、むしろ個別の個体や対象それぞれの運命として、なんらかの像を存在せしめる力にほかならないからだ。合理性とは、像を運命に、つまり全体的な生命の空間に、または時間的・空間的な、その先の地平［先行きの見通し］に変えうるもののことである。それはコズミックな必然性であって、個体の気まぐれなどではない。

4 自然の哲学のために

本書は植物の生命をもとに、世界という問題を再び問い直そうとするものである。そうすることは、古代からの伝統と関係を結び直すことでもある。多少とも恣意的にわたしたちが哲学と称しているものは、もとをただせば世界における自然についての問いかけ、つまり自然について（ペリ・テス・フュセオス）の、あるいはコスモスについて（ペリ・コスムー）の教説として誕生し、理解されていたものだった。そのことは偶然ではまったくない。自然や宇宙を思考の特権的対象に据えたことは、思考がそうした対象に対峙してはじめて哲学になる、ということを暗に示していたのだ。世界と自然に対面することによってはじめて、人間は真に思考できるようになるのである。

世界と自然を同一視することは、ありふれたことではまったくなかった。なぜなら古くからの伝統において〈自然〉と呼ばれていたのは、人間精神の活動に先行するものでも文化への対立物でもなく、あらゆるものの誕生と生成を可能にするもの、現に存在するか今後存在する、あらゆる対象・事象・実体・観念の、生成や変化の原因となる原理や力だからだ。

自然とコスモスを同一視するとは、まずもって自然を、事象から分離した原理としてではなく、存在するすべてのものにおいて自己表出する何かとして捉えるということだ。

逆にいうなら、その場合、世界とはあらゆる対象から成る論理的な全体とか、存在の形而上学的な総体とかではなく、みずから生成し変化するあらゆるものを貫く物理的な力のこととなる。物質と非物質、歴史と物理は、いささかも分離していないということになる。より微小なレベルでいえば、自然とは世界に在ることを可能にするものとなり、逆に事物を世界につなぐすべてのものは自然の一部をなしていることになる。

一部の例外をのぞくと、何世紀も前から哲学は、もはや自然を顧みなくなった。人間以外の事物や生物から成る世界にこだわる権利、それらについて語る権利は、とりわけ他の学問分野の専売特許とされている。植物、動物、一般的な大気現象、あるいは特異な大気現象、元素とその結びつき、星座、惑星、星々などは、哲学の特権的な研究対象という、もとより架空の目録から決定的に排除されてきた。[*1]

一九世紀以来、個人の経験の大部分は、なにがしかの検閲の対象になってきた。ドイツ観念論以降、〈人文学〉と称されるものは、自然に属するものを認識対象の領域から消去すべく、不快で残念でもある取締りの努力をひたすら重ねてきたのだ。

イアン・ハミルトン・グラントが作りだした言葉[*2]を用いるなら、こうした「フィジオサイド［自然殺し］」は、異なる学問分野の同業組合同士で知識を分割することにとどまらない弊害をもたらした。哲学者を自称する者にとって、今や自国の過去におきた最も些末な出来事を知ることはきわめて自然なことだ。だがその一方で、その者は自分が日々糧としている動物や植物の、名前も生態も来歴も知らないのである。[*3]

だが、そうした無学の回帰以上に、自然やコスモスにいっさいの哲学的な威厳を認めようとしないせいで、一種奇妙なボヴァリズム［過大な自己評価］も生まれている。つまり、哲学はなんとしてでも人間的・人間主義的であろうとし、人文社会科学に含まれたいと渇望し、ほかの学問と同じように科学でありたい、さらには〈規範的な〉科学でありたいと願うのである。哲学者たちは、いつわりの前提と皮相な意志、おぞましい道徳主義を混ぜ合わせ、「人間は万物の尺度である」[*4]とのプロタゴラス［古代ギリシアの哲学者、ソフィストの一人］の〈信条〉を奉じる過激な信徒になり下がってしまった。

哲学はその最上の学問的対象を失い、ほかの知の形式（社会科学か自然科学かの違いなどほとんど関係ない）によって脅かされ、みずからを現代的知識に挑むドン・キホーテに変えてしまった。自分の精神の投影物に、想像上の戦いを挑むだけなのだ。あるいはまた、地方の博物館のような、空虚な思い出となった自身の過去の亡霊を、ひたすらのぞき込んでばかりのナルキッソス［ギリシア神話で、泉に映った自分の姿にほれ込み、命を落とした美少年］と化してしまった。世界そのものにではなく、人間が過去に生み出した多かれ少なかれ恣意的なイメージにばかりこだわることを余儀なくされ、哲学は一種の懐疑主義、それも多くの場合、説教くさく修正ばかり言いつのる懐疑主義と化したのである。＊5

弊害はそれだけにとどまらない。この追放劇でもっぱら割を食ったのは、実はほかならぬ「自然」科学なのだ。自然科学は、自然を精神に先立つあらゆるものへと還元し（精神はゆえに〈人間的〉とされる）、自然本来の属性にはいっさい立ち入らないがために、自然は純粋に残滓でしかないような対象物、反体制的と見なされてメインの題目の位置を決して取れないような対象物へと、無理矢理変貌させられてしまっている。自然は空虚でまとまりのない空間でしかなく、精神が到来する以前のいっさいから成り、いわばビッグ・バンに続くもの、光も声もない夜、輝きや投影のいっさいを妨げるものとされるのだ。

こうした行き詰まりは執拗な抑圧の結果だといえる。すなわち生物の抑圧、そして「認識とはすべて、すでにして生命活動が存在していることの表現である」という事実の抑圧である。わたしたちは決して直接には、世界に問いかけたり世界を理解したりできない。なぜなら世界とは生物の息吹にほかならないからだ。コスモスを認識するとは、〈一つの生きる拠点〉（ある視点だけでなく）に立つことでしかないのであり、あらゆる真理は、生物が媒介する空間の中での個別世界のことでしかない。人は世界を、生物の媒介を介さずあるがままに知ることは決してできない。

一方、世界に出会い、世界を知り、世界について述べることは、つねに一定の形式にそって生きること、なんらかのスタイルに従って生きることを意味する。世界を知るには、生命のどの段階、どの水準で、どのような形式をもとに世界を眺めようとするのか、その世界を生きようとするのかを選択しなければならない。わたしたちには媒介役、つまりわたしたちが達しえない境地で世界を見、また生きることのできるまなざしが必要になる。

現代物理学は次のような自明の理を逃れることはできない。すなわち物理学の場合、その媒介役とは、物理学が補助的・補欠的な主体として位置づけ、そうすることで直ちに隠そうとする「装置」のことをいう。そのため物理学は、装置を眼の投影、世界をある単一の観点から眺めることを可能にするものとして認めようとはしない。[*6] 顕微鏡、望遠鏡、人工衛星、加速器などは、生命をともなわない物質的な眼にすぎないが、物理学者に世界を観察できるようにし、世界にまなざしを向けるように仕向けるものでもある。しかしながら、物理学者が活用する装置は、いわば老眼を患った媒介役だ。現象に対してつねに遅れてやって来るものであるし、宇宙の深遠さからあまりにかけ離れているものでもある。それらの装置は、宇宙に宿る生命、装置自身が具体化するコズミックな瞳を、自分で目にすることはない。

他方、哲学はこれまで、いわば近視を患った媒介役ばかりを選択してきた。すぐ近くの、辺境な世界の一部分にのみ集中できる媒介役である。ハイデガー[*7]や二〇世紀の哲学がこぞって行ってきたように、世界内存在とは何かと人間に尋ねることは、コスモスについてのごく部分的なイメージを再生産することにしかならない。また（ユクスキュル［二〇世紀ドイツの生物学者］がわたしたちに教えてくれたように[*8]）、動物の最も基本的な形態にまなざしを向けさえすればよい、というものでもない。マダニ、飼い犬、鷲など、いずれの動物もすでにして、こういってよければ自分自身のうちに、世界を見る他の観察者を無限に内包しているのである。

真の媒介役をなすのは植物をおいてほかにない。植物は世界に対して初めて据えられ開かれた眼なのだ。世界をそのあらゆるかたちのうちに知覚しうるまなざしである。

世界とはなによりもまず、植物が作り上げることのできたすべてをいう。植物こそがわたしたちの世界を〈為した〉のだ。たとえその営為の位置づけが、ほかのあらゆる生物の営為からかけ離れているにせよ。だからこそ本書は、まさしくその植物に対して、世界の本性とは、輪郭とは、内実とは、といった問いを差し向けるのである。また、本来なら唯一正当と見なしてかまわない哲学の形態、すなわちコスモロジーを再構成する試みも、植物の生命を探ることから始めなくてはならないだろう。

わたしたちは本書で、世界は大気という内実をもち、そのことを証すことができるのは植物の葉にほかならないだろうと考える（第Ⅱ部）。わたしたちはまた、大地の真の本質について、植物の根に問いかける（第Ⅲ部）。そしてまた花こそが、わたしたちに合理性とは何かを学ばせてくれるだろう（第Ⅳ部）。もはや普遍的な能力や潜在性としてではなく、宇宙的な力として評価できる合理性を。

II

葉の理論——世界の大気

5　葉

ゆるぎなく、不動のまま、大気と渾然一体となるまで大気現象に晒される。中空に宙づりになり、いかなる努力も要さず、筋肉一つ収縮させる必要もないままに。飛翔できなくとも鳥となること。葉とは、いわば陸地を征服したことへの最初の大きな反動、植物の陸生化がもたらした大きな帰結、そして空中生活への植物の渇望の表れであるかもしれない。

幹の解剖学的構造からはじまって、植物の来歴、つまり何千年にもおよぶ進化のあらゆる選択の数々、そして植物の一般的な生理学にいたるまで、植物が存在できるようあらゆることが協同している。天空に向けて開かれたその緑の表面では、あらゆることが前もって想定され、目的論的に内部にしまい込まれている。

空中へと到達したがゆえに、植物は、形態・構造・進化のソリューションなどなど、無限のブリコラージュ［その都度の即応］を余儀なくされてきた。幹を中心とする構造は、なによりもまず「中二階」の発明にほかならない。幹により、土壌や陸地の湿気との関係を失うことなく、重力に打ち勝つことが可能になった。また空気や太陽光にたえず直接触れることから、それらに対する抵抗力や透過性をもった構造も必要となった。

植物の葉が支えているのは、その葉が属する個体の生命だけではない。その植物が表現形として最たるものであるような生息域の生命、さらにはその生物圏全体までもが葉に支えられて生きている。「動物も植物も、生物の世界のいっさいは、太陽エネルギーによって支えられ、また厳密に条件づけられている。つまり植物の色素体はそのエネルギーを太陽光から奪い取り、グルコース分子を維持する関係を擁立するのである。地上の生命、すなわち独立栄養の植物の生命も従属栄養の動物の生命も、すべて葉緑体の存在と、その作用によって可能になっているのである」[*1]。葉緑体は葉の中に存在している。つまり葉は、大多数の生物に単一の環境、すなわち大気という環境を押しつけてきたのだ。

わたしたちは通例、植物を花という最も派手な表現形でもって見分ける。あるいは木々なら幹という最も確実な形成物で判断する。だが実は、植物はなによりもまず葉なのである。[*2]「葉は単に植物の主要な部分であるにとどまらない。葉は植物そのものである。幹や根のほうが、葉の一部、葉のベース、その単なる延長なのだ。その延長部分によって、葉は大気中に高くそびえ、みずからを支えるとともに土壌から栄養分を吸収する。(中略)葉こそ植物の全体が葉のもとに見いだされるのであり、ほかの器官は付随物にすぎない。葉こそが植物を産み出している。花を形成するのも葉なら、果実を実らせるのも葉なのだ」[*3]。植物の神秘を理解するとは、生殖や進化のみならず、あらゆる観点から考えて、葉について理解することを意味する。葉においてこそ、「気候」と称されるものの秘密が明かされるのである。

気候とは、地球を取り巻くガスの総体のことではない。それはコスモスに見られる流動性の本質、わたしたちの世界の最も深淵な容貌である。それによって、世界とは現在・過去・未来のありとあらゆる事物が無限に混じり合っていることにほかならないことが明らかになる。気候とは、いわば混合の形而上学に付けられた名であり、その構造だ。「気候」があるためには、空間の内部にあるすべての要素が、混合しながらも識別できるのでなくてはならない。諸要素は、物質や形状、隣接関係などによってではなく、同じ「空気」によって統合されるのである。世界が〈一つ〉だというのは、一つの物質、一つの普遍的な形状のみが在るからではない。「気候」のレベルにおいては、存在するすべて、存在したすべてが、〈一つ〉の世界を構成する。気候とはコスモスの一体性の存在そのものなのである。

気候のどこを取ってみても、内容物と器の関係はたえず反転しうる。場所であるものは内容物になり、内容物であるものは場所になりうる。環境は主体になり、主体は環境になる。どのような気候であれ、前提となるのはそうしたトポロジカルな反転、主体と環境との輪郭を解体するような振幅、役割を入れ替える揺動なのだ。混合とは諸元素の単なる合成ではない。そうしたトポロジカルな交換の関係のことだ。まさにそれこそが、流動性の状態を定義づけている。

流体とは抵抗力がないことによって定義づけられるような空間や物体のことではない。物質がどのような状態で集積しているかとはなんら関係がない。固体も、気体や液体の状態にならなくても流体でありうる。流体とは、普遍的な循環構造、すべてがすべてと接触し、自身の形状や固有の本質を失うことなく混合しあえる「場」のことだ。

葉は、開かれているということを表す範列的なかたちである。すなわちそれは、破壊されることなく世界に侵入されることがありうる生命なのだ。その一方で葉は、とりわけ気候的な実験室、酸素を作り空間へと放出する蒸留器でもある。酸素という元素は、世界を住処とする無限に多様な主体・物体・歴史・存在の、生命・現前・混合を可能にする。この惑星に生息し、太陽エネルギーを捕らえる緑の葉身は、いわばコスモスの靭帯をなしてきた。何百万年もの昔から、実に様々な生命に、それぞれが互いに溶解することなく交差し混合する可能性をもたらしてきたのである。

わたしたちの世界の起源は、時間的・空間的に数百万光年も彼方の出来事ではない。また、わたしたちがもはややいかなる痕跡も見いだせない空間にあるのでもない。それはまさにいまここにある。世界の起源は季節的・周期的に繰り返されては、存在するあらゆるものと同様に凋落していく。起源は物質でも基礎でもなく、大地にのみあるのでも、大気にのみあるのでもない。むしろそれは両者の中間部分にある。

わたしたちの起源はわたしたち自身にはない。〈人間の内部〉にはない。それは外部に、野外にある。起源は安定したものでもなければ、祖先伝来のものでもない。並外れた大きな天体でもなければ、神や巨人族でもない。起源は一つしかないわけでもない。わたしたちの世界の起源とは、実は葉のことだ。それらは脆弱でもろく、しかしながら厳しい季節を乗り越えた後に復活し再生できるものでもある。

6 ティクターリク・ロゼアエ

二〇〇四年、アメリカの古生物学のチームがエルズミア島のデボン紀の地層に、三億七五〇〇〇万年から三億八〇〇〇万年前の化石を発見した。肉鰭類《にくきるい》の硬骨魚類のものである。魚とワニとのハイブリッドのような姿をした動物だ。〈ティクターリク・ロゼアエ〉[*1]との学名をもつその動物は、魚類と四足類の解剖学的特徴を合わせもつ。陸生生物の起源が海にあるとする説の証拠となる動物と考えられている。とするならば、大半、もしくはすべての高等生物は、流体の環境において始まった適応のプロセスの結果だといえそうだ。

一九五三年に行われ、議論の的となったユーリー＝ミラーの実験[*2]以来、あらゆる生命の原始的な環境とは海であったとする、あるいは通例のいい方なら「原始のスープ」[*3]だったとする考え方は定着したように思われる。この仮説は生物学的・動物学的にはまだ立証されていないが、それを形而上学的実験の対象にしてみるのは興味深い。簡単な〈思考実験〉によって、今のところ単に生物学上の仮説でしかないものを、哲学的想像力の実験へと拡張するのだ。おそらくそこから得られるのは、コスモロジーについての科学論文というよりは、神話の記述に近いものになるだろう。けれども物理世界は、このような想像力を駆使してしか、観想したり、あるいは理解したりできなかったりもする。

さしあたり現時点では、この仮説を〈ラディカルにする〉ためにも、これを真剣に受け止めておこう。すなわち〈生命〉と〈流動環境〉との、重要ながらも偶発的でしかない関係について、経験的な確証にすぎないものを〈コスモロジー的必然〉の関係と見なしてしまおう。*4

こう考えてみよう。生命が流体の物理環境（その流体の中味は、さしあたり水の分子でもアンモニアの分子でもかまわない）から生じたのは、単なる偶然によるのではない、なぜなら生命とは、流動環境の中でのみ可能な現象なのだから、と。するとどうだろうか。海から陸地への生物の移行は、根本的な変化であるとか、生命の本質そのものの転換であるとか、あるいはその生命が暮らす環境との関係の転換であるとか捉えるべきではなくなり、むしろ同じ流動環境（物質）の密度の変化、その集積状態の変化として解釈しなくてはならなくなる。集積状態の変化によって流動環境は異なる構成を取りうる。この意味において、生命の（複数形での）かたちと流動環境との関係を必然と捉えることは、二つの仮説を掲げることにほかならないだろう。一つは世界と物質の現実に関する仮説、もう一つは生物に関する仮説である。

まずは次のように認識することが問題となるだろう。すなわち〈生物の観点に立つ〉ならば、生息空間を構成する物質について、その客観的な性質がどうであれ、たとえ元素の違いや物理的な不連続があろうとも、その空間は存在論的には〈一つかつ均質〉であり、〈流体〉としての性質がそこでの一性をなすことになる、ということだ。

流動性とは物質の集積状態のことではない。世界が生物のもとで、また生物に対して自身を構成する、そのありようこそが流動性なのである。流体とは、固体・液体・気体の状態とは関係ない。自身の形状を、なにがしかの自己イメージに即して拡張していくような物質は、すべて流体なのだ。自己イメージは、知覚のかたちを取ることもあれば物理的な連続性のかたちを取ることもあるだろう。あらゆる生物は流動環境の内部にしか存在できないが、それは生命が世界をそのように創り上げることに寄与したからにほかならない。すなわち、常に不安定で、たえず増幅と分化の運動に囚われたものとして。

すると魚は、生物の進化の一段階にとどまらず、〈あらゆる生物のパラダイム〉をなすことになる。海もまた、単に一部の生物にとっての特殊環境であるとは考えられず、世界そのもののメタファーとして考えるべきだということになる。あらゆる生物にとっての「世界に在ること」は、魚による世界の体験から理解すべきなのだ。この「世界に在ること」は、わたしたちの場合もそうなのだが、常に「世界という海に在ること」なのである。それは〈浸ること〉の一形態だ。

生命が常に浸りであり、それ以外ではありえないとするなら、わたしたちが解剖学や生理学の記述に用いる概念や区分の大半も、わたしたちに生きることを可能にする身体能力の積極的行使も、つまりはあらゆる生物の具体的な存在の現象学が、書き換えられてしかるべきだということになる。浸っているあらゆる存在にとって、運動と静止の対立などもはや存在しない。静止は運動の結果の一つであり、滑翔する鷲のように、運動もまた静止の帰結の一つとなる。

もはや静止と運動を区別できなくなったすべての存在は、瞑想することと行動することとを対立させることもなくなるだろう。瞑想するには静止が前提となる。不変で安定したソリッドな世界が、〈静止した〉主体の前面にあると仮定してはじめて、人は〈対象〉を、したがって思想を、あるいはビジョンを語ることができる。

浸っている存在にとっての世界、つまり浸りの世界は逆に、厳密には〈真の対象〉を含んでいない。そこではあらゆるものが流動的で、あらゆるものが運動状態にあり、主体とともに、あるいは主体に逆らって存在する。あるいは主体の中に在る。その世界は、生物に近づいたり、遠ざかったり、寄り添ったりする要素、もしくは流れと定義される。生物もまた流れそのもの、もしくは流れの一部でしかない。それは厳密な意味で〈確たる事物のない〉宇宙、様々な強度をもった出来事だけから成る遠大な領域であるだろう。

このように、世界に在るということが〈浸り〉であるならば、思考と行動、働くことと息をつくこと、動き、想像、感じることなどは分離できなくなる。浸っている存在が世界と結ぶ関係は、主体が対象と結ぶ関係になぞらえられるようなものではないからだ。むしろそれは、クラゲと、クラゲをあるがままの姿で居させる海との関係に相当するだろう。わたしたちとそれ以外の世界とのあいだに、物質的な区別はいっさいなくなるのである。

浸りの世界は、流動的な物質の無限の広がりとなる。流動する速さや遅さの程度は様々であり、さらに抵抗力や透過性はとりわけ多様なものになるだろう。というのも、そこでの運動では、あらゆるものが世界に浸透しようとし、また世界によって浸透されることを許すだろうからだ。透過性はキーワードである。すなわちこの世界においては、すべてはすべての中にあることになる。海を構成している水は、主体としての魚に対峙しているだけではない。その魚の〈中に〉もある。魚を通り抜け外に出ようとしているのである。世界と主体とのこうした相互浸透は、複雑で永続的に変化するような幾何学を、その空間にもたらすだろう。

この、浸りとして世界を捉えるアプローチは、どこか超現実的なコスモロジーのモデルにも思えるかもしれない。けれども人が想像する以上に、わたしたちはそれを頻繁に体験している。たとえばわたしたちは、音楽を聴くたびに魚を追体験しているといえる。わたしたちを取り巻く世界を、視覚で捉えられる現実の一部分から描き出す代わりに、音楽体験をベースに世界の構造を類推するならば、世界を対象から構成される何かとしてではなく、わたしたちに浸透しわたしたちもそこに浸透していく流れ、あるいは様々な強度をもち永続的な運動状態にあるような波から構成される何かとして、描かなくてはならないだろう。

わたしたちを取り巻く世界と同じ物質で自分が作られている、と想像しよう。クラゲが水の凝固体にすぎないように、自分も音楽と同じ性質をもち、一連の空気の振動でしかない、と。これで浸って在ることがどんなであるか、かなり明確なイメージが得られるのではないだろうか。音楽を聴くためだけに限定された空間（ナイトクラブのような）で音楽に浸ることが、それなりの快楽をわたしたちにもたらすのは、その音楽によってわたしたちが、世界の最も深淵な構造をつかみ取ることができるからにほかならない。眼では知覚が妨げられてしまうような世界の深淵である。浸りとしての生命とは、こういってよければ眼が耳であるような生命なのだ。感じるとは常に、自分自身に触れるとともに、わたしたちを取り巻く宇宙にも触れることなのである。

行動と瞑想とがもはや区別されない世界は、物質と感覚、あるいはこういってよければ眼と光とが、完全に溶け合う世界でもあるだろう。身体とその感覚器官は分離できなくなる。わたしたちはもはや体の一部で感じ取るのではなく、自分の存在全体で感じ取るようになるだろう。わたしたち自身が一つの巨大な感覚器官となり、それが知覚対象と混じり合うのだ。耳はそれが聞き取る音そのものになり、眼は常にそれに生気を与える光の中に浸るのだ。

生命が流動環境と分かちがたく結びついているというのは、生物と世界の関係が決して対立の関係（または対象化の関係）にも、編入の関係（わたしたちが食料摂取で体験するような）にも帰されないからだ。生物と世界との最も根源的な関係とは、「相互投影」の関係だろう。それは次のような運動だ。生物は自身の身体のもとで完結させてもよいことを世界へと委ねる。逆に世界は生物の外でなされてもよい運動の実現を生物に託す。〈技術〉と称されるのは、この種の運動のことである。そうした運動ゆえにこそ、「精神」は生物の身体の外に展開して、自身を世界霊魂と見なしたりもできるのだ。逆に自然の運動は、生物という観念にその運動の起源と究極のかたちを見いだすのである。

　こうした相互投影が生じるのは、自身が浸るその世界に生物が自己同化するからでもある。生物が見いだす「自分の場所」はすべてそうした運動の産物だ。わたしたちは自分たちに最も近い空間に自身を投影する。そしてその一部の空間を、内面的なもの、自分たちの身体にとって特別な関係をなす世界の一部分、自身の身体の世俗的で物質的な一種の延長とする。わたしたちと安らぎの場との関係とは、まさに浸りの関係にほかならない。わたしたちは対象を前にするように、安らぎの場を前にしたりはしない。魚が海に暮らすように、また原初の有機体の分子が原始のスープに暮らすように、わたしたちはその安らぎの場に暮らす。わたしたちは一度たりとも魚であることをやめたことがないからだ。〈ティクターリク・ロゼアエ〉は、世界をわたしたちが浸る海へと作り替えるために、わたしたち生物がしつらえた一つのかたちでしかない。

7　空気のただ中で——大気の存在論

生命は流動する空間を一度も手放したことがない。太古の時代に生命が海を離れたとき、生命は自身の周りに異なる特徴（粘稠性、組成、性質）を備えた流体を作り、また配備していった。海洋環境から離れた地上世界の開拓[*1]が進むにつれ、乾いた世界はとてつもない大きさの流体へと変容し、大多数の生物は、その世界でも主体と環境との相互交換の関係を生きることができるようになった。

わたしたちは、こういってよければ地上の居住者ではない。わたしたちは大気の中で暮らしているのだ。陸地はそうしたコズミックな流体の末端領域でしかない。その流体の中ではあらゆるものが交流し、あらゆるものが相互に触れあい、拡がっていく。生物による陸地の征服は、なによりもまずそのような流体[*2]［大気］を作り上げることにほかならなかった。

数億年もの昔、ちょうどカンブリア紀の終わりからオルドビス紀の始まりにかけて、有機体の複数の群れが海から陸へと上がり、わたしたちが知る最初の動物としての痕跡を残していった。推測にもとづく限りでの話だが、それは節足動物門多足亜門[*3]［ムカデなど］だったろう。多数の足と付属肢、つまり尾節を備えた生物である。地上でのその生命はまだはかなく、試験段階でしかなかった。それらの動物は、食料を求めて、あるいは生殖のために、大気の環境に現れた。[*4]彼らに対して開かれた世界は、すでにほかの生物［植物］によって築かれていたものだった。

わたしたちが暮らす世界は、実は破局的な汚染の産物だ。それは「大酸化」、「酸素による大量絶滅」、「酸素による大惨事」[*5]などと称されてきた。地質学的・生物学的な要因が相互に結びつき、地球の表面を決定的に変化させてしまったと考えられている。

光合成が可能になった最初の有機体、つまり青緑色細菌の発達と、地表から発する水素の流れとが相まって、酸素の蓄積がもたらされた。海水もしくは地表にあった元素（たとえば鉄や石灰石）によって、初期の直接的な酸化が進んでいた時代の話だ。維管束植物類［シダ類など］が発達し拡大するにつれて、大気は安定していった。つまり遊離酸素［化合物として結合していない酸素］の量が酸化の限界値を超え、そのままのかたちで蓄積するようになったのだ。すると今度はそうして蓄積された大量の酸素が、陸や海に暮らす嫌気性［酸素を必要としない］の多数の有機体を絶滅させ、各種の好気性［酸素を利用する］の生命が繁殖するようになる。[*6]

陸上生物が最終的な定住場所を確立したのは、地表を囲み覆う中空の空間が抜本的に変貌したのと時を同じくしている。そのとき、一七世紀以降にわたしたちが大気と呼ぶようになったものの内部構成に、大きな変化が生じた。[*7] つまりこういってよければ、植物のおかげで、陸地は決定的に「呼吸」の形而上学的空間と化したのだ。

陸地を最初に占拠し、居住可能な場所に変えたのは、光合成ができる有機体だった。植物、すなわち完全に陸生だったその最初の生物は、最も大規模な大気の変換の担い手でもあったのだ。一方、光合成は大気を作り替える一大ラボをなし、太陽エネルギーはそこで〈生命をもつ物質〉へと変換された。ある意味、植物は決して海を離れてはいなかった。植物は海が存在しない場所に海をしつらえたのである。世界を巨大な大気の海に変え、あらゆる生物に海洋での習性を伝えていったのだ。光合成とは世界を流動化するコズミックなプロセス、流動体の世界を成立させる運動の一つにほかならない。それによって世界は息づくようになり、動的な緊張状態に置かれるようになったのだ。

このように、植物はわたしたちに、浸りとは単に空間的に位置づけられることではないということを理解させてくれる。浸るということは、自分たちを取り巻き自分たちに浸透してくるなにかの〈中に〉、身を置くことだけをいうのではない。すでに見たように、浸るとはまずもって主体と環境、物体と空間、生命と周辺環境との、相互浸透という〈作用〉なのだといえる。各々の両者を物理的・空間的に区別することは不可能だ。浸りがありうるためには、主体と環境とは〈相互に積極的に浸透し合う〉必要がある。浸透し合うのでない場合、それは単に境界面で接触し合う二つの物体の「並置」もしくは「隣接」でしかないだろう。

主体と環境は相互に働きかけ、その相互作用を通じてみずからを定義づける。〈主体の側から〉眺めるなら、この同時性は受動性と能動性との形式的な同一性と受け止めることができる。周辺環境へと浸透することは、周辺環境からの浸透を受けることでもある。したがってあらゆる「浸りの空間」では、作用と受容、働きかけることと作用を受けることは、形式の上で混淆する。わたしたちは、たとえば泳ぐたびにそのことを体験している。

だが浸っている状態とはとりわけ、より根源的な同一性、存在と行為とのあいだの同一性の、形而上学的な場のことでもあるだろう。流動的な空間に〈在る〉ことが可能であるためには、そのような空間に在るという事実そのものによって、わたしたちを取り巻く環境の現実と形式が変貌するのでなくてはならない。植物がわたしたちの世界に及ぼした〈コスモゴニック〔宇宙生成論的〕〉な帰結からして、植物の生命はそのことを最も鮮明に示す証左にほかならない。植物の存在はそれ自体で、コズミックな環境、すなわち浸透し浸透される世界の、全体的な変貌をも意味している。

動くことも働きかけることもなしに、ただ〈存在する〉ことによって、植物はすでにして世界を変貌させてきた。植物にとって存在するとは、〈世界を創り上げる〉ことを意味するのだ。逆に〈わたしたちにとっての〉世界を構築する、あるいは世界を創り上げることも、植物からすれば、存在することと同義なのだ。

その一致を体験する生物は植物だけではない。様々な有機体がそのことをいっそう明確に表している。したがってその体験を一般化し、こう結論づけなくてはならないだろう。〈すべての生物の存在は、必然的に世界を切り開く行為である〉と、また、世界は常に可能性の条件であると同時に、生息する生命の所産でもある、と。すべての有機体は、世界を産出する一つの方法の発明にほかならない（ネルソン・グッドマン〔二〇世紀アメリカの哲学者〕の表現をやや逸脱したかたちで流用するなら、それは「世界制作の方法」である）。そして世界は、つねに生命の空間、「生命としての世界」にほかならない。

このような観点からすると、環境もしくは周辺環境という概念の限界を推し量ることもできる。それらは相変わらず、生物と世界との関係をひたすら〈隣接〉と〈並置〉の側面からのみ表し、環境を、そこに住む生命体から存在論的にも形式論的にも自律したものと考え続けている。だが世界と生物とは、両者をむすぶ関係のいわばハレーション、こだまにすぎないのだ。

わたしたちは世界を織りなす物質から、決して物質的に分け隔てられてはいない。つまりあらゆる生物は、山や雲を描き出すその同じ物質から構成されているのだ。浸りとは〈物質的な〉一致のことであり、それはわたしたちの肌の下から始まる。ゆえに有機体は、世界の輪郭を描き直すために自分自身の外に出る必要がない。自分たちの「環境」に働きかけたり、再び合流したり、それを知覚する必要もない。存在するというただそれだけの営為によって、生物はすでにしてコスモスを織りなすのである。

世界に在るとは、必然的に〈世界を創る〉ことを意味する。生物の〈あらゆる活動〉は、世界をその生身において〈デザインする〉行為なのだ。逆にいうと、世界を構築するために自分とは別の対象物をこしらえる（物質をみずからの肌の外部に放出するなどして）必要はないし、世界の一部分を知覚することも、認識することも、直接狙いを定めて変えようと

〈望む〉ことも必要ない。浸ることとは、行動や意識よりも深い関係性だ。それは思惟などの実践の手前にある。沈黙・無音の〈存在論的〉デザインである。そこでの「形成力」とは、生命への抵抗を示すことがないこと、宇宙的な物質がもつ「しなやかさ」をいう。それによって物質は生きる主体へと変容し、なんらかの有機体の〈現実的身体〉になるのである（それは栄養摂取に代表される包摂行為の手前にあたる）。

その点において、植物はわたしたちに、世界に在ることの最も根源的なかたちを見せてくれる。植物は受動性すらないままに、世界に貼りついている。それどころか植物は、〈わたしたちすべて〉が「在る」という端的な行為によって生きている世界に、最も強度があり最も豊かな結果を伴う影響を及ぼしている。しかもそれは局所的ではなく全体的なレベルにおいてだ。

植物は世界を変えるが、それは単に自分たちの環境や生態学的ニッチ［生態系の中での役割］を変えるということではない。植物について思考するとは、〈直接的にコスモゴニック［宇宙生成論的］な〉、世界での在りようについて考察することにほかならない。光合成は宇宙生成論的に重要な現象の一つであり、植物の存在そのものと混淆しているが、〈ビーバーがダムを作り上げるときのような〉瞑想や行動の領域に属しているのではない。このように植物は、生物学、生態学、さらには哲学にも、世界と生物の関係を新たに一から考え直すよう迫るのである。

植物と世界との関係を解釈しようとするならば、ドイツの自然学者ヤーコプ・フォン・ユクスキュルが考案したきわめて観念論的なモデルを抜きにはできない。カントの教えに即して、ユクスキュルは、あらゆる動物に自身の諸器官を統制する支配的な主体の地位を認めなくてはならないと考え[*8]、「主体が手に入れられるあらゆる特徴の（つまった）、一種の石鹼の泡」[*9]として世界を考察した。

「カントとともにわたしたちは、わたしたちの主体が影響を及ぼせない絶対的空間は存在しないと認めることができた。なぜなら空間の特徴的な物質、すなわち場所や方向を表す表象、あるいはまた空間の形式は、主体による産物であるからだ。空間的な性質と、統覚を通じて生み出される普遍的形式への統合がなければ、空間は存在せず、ただ色や音、臭いなどの感覚的性質の寄せ集めがあるだけになってしまうだろう。それらにも独特の形式や法則はあるだろうが、そこには出会いの場が欠けているだろう」[*10]。というのも「あらゆる主体は、蜘蛛の糸のごとき関係を、事物のある種の特徴と結び、それらを絡み合わせて自身の存在を担う網の目を作り上げる」[*11]からである。環境はしたがって「心的な産物であり、物理学的・生理学的な要因から推測されるようなものではありえない。あらゆる環境は空間的・時間的な枠組みによって担われるが、その枠組みは一連の視覚的特徴と秩序の表象からなる」[*12]。

このモデルは少なくとも二つの理由から不十分である。まず一つには、主体と世界との関係を認識と行動のかたちで考えているからだ。世界へのアクセスは認識と行動という二つの経路でのみ与えられていて、まるで個体の「それら以外の生命活動」は、自分自身のもとに閉じこもっているかのようだ。個体は世界に投げ込まれ、世界に晒され、世界を糧とすることを余儀なくされ、世界の諸元素から自分自身を構築せざるをえないのだが、まるでそうではないかのようだ。

もう一つ、これは一つめの制限の帰結でしかないが、ユクスキュルのモデルは世界へのアクセスを〈器官的〉な性質のものと見なしているからだ。世界へのアクセスは器官において、器官を通じてのみ生じるとされるのである（それが認識の器官なのか行動の器官なのかはほとんど重要ではない）。植物は行動も知覚もしない。少なくとも〈器官的〉なかたちではそうしない。つまり、そのような特定の目的に従事する身体の〈特別な〉一部分でそうするのではない。しかも植物は、特別な器官の内部でのみ世界に接しているのでもない。その身体と存在の全体でもって世界に接しているのだ。かたちも機能も区別することなく、植物は世界に対して開かれ、自身のうちで世界と溶け合う。

植物と世界の関係をニッチ構築理論でもって理解することも、またできない相談だ。その理論の最も綿密な定式化は、ジョン・オドリング＝スミー、ケヴィン・N・ラランド、マルクス・W・フェルドマンらによってなされているが[*13]、それによると有機体は、環境圧力を受けるだけにとどまるのではなく、代謝や行動を通じて、自分や他の生物が存在するニッチを作り替えることができるという[*14]。

周囲の環境に対して生物が働きかけるという考え方は、チャールズ・ダーウィンが生前に刊行した最後の著作に遡る[*15]。同書でダーウィンは、みずからが唱えた自然淘汰説に逆らって、次のように記している。「ミミズが世界の歴史で果たした役割は、大半の人々が想像するよりはるかに重要なものだった（中略）。毎年、何トンもの乾いた土地が、ミミズの身体を通過し、再び地表へと戻されるのである[*16]」。岩の解体、土壌の浸食、古い残存物の保全[*17]、そして植物の成長のための土壌の準備[*18]。そうした事象にとって、それらの行動は決定的だというのだ。「感覚器官をほとんど備えていない」、つまり外部世界について学ぶことが不可能だというのに、ミミズは坑道を作り上げる実に見事な技を示し、とりわけ「開かれた坑道を閉じる仕方において、単なる本能的な衝動ではない、なんらかのレベルの知性を明らかに証明してみせた[*19]」というのである。

「ほとんど組織化していないそうした小動物」が地球上の表層に及ぼす変化は、ほかの生物（人間や植物）の生命に影響するが、それだけではない。自分たちの生息環境にも影響するのであり、将来の世代にとって有利となるようそれを作り替えもする。ニッチ構築理論は、ダーウィンの指摘を再度取り上げ、ごく原始的な生物ですら、いかに単なる自然淘汰の犠牲者ではないのか、環境への適合がいかにその唯一の宿命ではないのかを強調してみせる。[*20] 生物は自分たちを取り巻く空間を作り替えることができるし、その新しい世界を、後に続く世代へと伝えていくこともできる、と。

世代から世代へと伝達可能な変更を恒常的に加えていく生物は、この意味において、〈文化〉を産出しているといえるかもしれない。[*21] すると文化は人間に特権的なものではなく、むしろ一種の継承物、解剖学的にではなく生態学的に受け継がれる、[*22] 身体外の遺産[*23]ということになるだろう。

ところが、である。ニッチ構築理論は、古典的な進化論の二項対立を乗り越えることができる理論でありながら、環境に浸ることに特有の親密さについて考察することができない。なぜかというと、ニッチは二重の分離をもたらす操作概念だからだ。まず一つめの分離として、競争排除則（またはガウゼの原理）[*24] がある。同じ空間を分け合う二つの動物群は、その場所のリソースをすべて享受するために、互いに他方を排除しようとするという原理だ。その原理が働く現実を表すために練り上げられたのがニッチ概念であり、それは世界と生物との関係を排除の観点から捉えていると考えられるのだ。すなわち、その理論によれば、「世界」とは少なくとも傾向として一種類の生物のためだけの空間、特定の一つの生命のかたちのみが生息する環境だと見なされるのである（この点はユクスキュルも同じだった）。

しかしながら、世界の中に存在するには、周囲の空間を他のかたちの生命と分かち合わないわけにはいかないし、他の生命に晒されないわけにもいかない。すでに見てきたように、世界とは定義からして、他の生物の生命、他の生物の全体なのである。したがって説明されてしかるべき不思議は、同じ世界にあらゆるものが包摂されていることなのであって、ほかの生物が排除されていることではない。他の生物の排除など、常に気まぐれで見せかけだけの、一時的な状況でしかない。

それに加え、二つめの分離として、ニッチの概念を用いると、世界における影響圏・生息圏は、個体に接する空間にのみ限定されてしまうという点がある。あるいは生きる主体との〈直接的な〉関係に置かれる、各種の要因やリソースの全体に限定されてしまうのだ。けれども、逆に世界とは浸りの空間であると認識するならば、そこに安定した境界、あるいはリアルな境界はないということがわかるだろう。〈世界〉は、一つの家や財産、居場所、目下の状況などには決して帰されない空間なのである。ならば世界に在るとは、とりわけ居場所の外、おのれの生息環境の外、自分のニッチ以外の場所へと影響力を行使することにほかならないだろう。住処となる場所はつねに世界の全体なのであり、そこには常に他の生物もはびこっている。

さらにまた、生物全体が環境に及ぼす影響[*25]は、生物が自身の外部に産み出す効果によってのみ推し量るわけにもいかない。存在することそれ自体も、世界の名もなき物質を加工するまったく新しい方法にほかならず、この意味において、在ることそれ自体が、生物が環境に及ぼす主要な影響そのものなのだ。

環境というものが皮膚の外側で始まるのではないというのは、世界がすでにして生物の内部をなしているからである。この意味において、生物が世界に対してなす働きかけは、生態系のエンジニアリングの一形態[*26]などとはとうてい考えられない。

「植物は大気に向かってまっすぐ立つ。それは地中においてそうであるのとほぼ同じである」[*27]と、シャルル・ボネ［一八世紀スイスの博物学者］は記している。土壌よりも空気こそが、植物の第一の環境、その世界をなしている。したがって光合成は、植物が世界に在ることの最もラディカルな表明だ。

生命のエネルギーを産出する主要なメカニズムとして認識される以前、光合成は〈天然の空気調整装置〉として理解されていた。一七七二年に自然哲学者ジョゼフ・プリーストリーはこう記している。「ロウソクを燃やして汚染された空気を修復する方法をわたしは偶然にも見つけ、またその目的のために自然が用いる修復手段の少なくとも一つが植物であることを発見した。このことを、わたしは誇りに思ってよいだろう」[*28]。

ユニテリアン派の神学者で、電気の研究で知られていたプリーストリーは、ロウソクの燃焼から生じた空気の入った鐘型のガラス容器の底に、ミントを入れておいたのだった。そうしておくと、二七日経っても別のロウソクがその内部で完全に燃える。彼はこのことに気づいたのである[*29]。プリーストリーによれば、それは植物が動物の呼吸や腐敗から生じるガス（当時のいい方では燃素）を吸い込んでいるからだ。植物はそれを吸収し、自身の体内へと取り込むのである[*30]。

この発見により、プリーストリーは植物の世界と動物の世界の補完性原理を定式化することができた。「動物の呼吸と同じような仕方で空気を充当する代わりに、植物は呼吸の効果を逆転させ、その場に住む動物の生命活動や呼吸、その死と腐敗によって空気が毒性をもちそうになる場合に、その空気を心地よく健康的なものに保とうとする」[*31]。植物が世界に在ること、それは空気を（再）創造する能力のうちに見いだされるというわけだ。ある観点からすると、どのような秩序・集団に属するかにかかわらず、生物は産出するガスの種類に即して考察することができるだろう。あたかも世界に在るとは、なによりもまず「大気を作る」ことを意味し、その逆ではないかのように。

その数年後、オランダの医師ヤン・インゲンホウスは、プリーストリーの直観を延長するかたちで、植物がもつ「汚れた空気を浄化し、新鮮な空気へと改善する」[*32]能力が、葉にのみ存在していることを明らかにした。「わたしたちが吸う空気の浄化を担う、自然の一大ラボの一つは葉の本体の中にあり、それは太陽の影響を受けて作動する。浄化された空気は、そのままの状態では植物にとって有害だが、大半は排泄器官によって放出される。排泄器官は、少なくとも大半の植物において、主に葉の裏側に位置している」[*33]。

インゲンホウスは、その浄化と〈空気調節〉の作用が太陽光の存在と密接に結びついていることを理解した。その時点で、まさしく光合成そのもの（その効果だけでなく）を発見したのだといえるだろう。「植物は日中またはたそがれの光だけで、燃素のない空気を作り出す。しかもその作用は、その同じ光の影響によってなにがしかの準備ができた後に発動するのである」[*34]。

インゲンホウスは次のように詳述してみせた。水を張ったポットに植物を浸しておくと、空気は「葉において太陽光の作用により調合され、きわめて早い段階から葉の表面に様々なかたちで、より一般的には丸い気泡のかたちで現れる。それは次第に大きさを増していき、葉から離れると上昇してポットの上部の底に付着する。その間にも新しい気泡が生じ、葉が消耗しきって新たな空気が供給されなくなるまでそれは続く」[*35]。

水中に置かれることもなんら自然に反する状況ではない。「植物の葉が流水に囲まれているというのは、決して自然の状態にはないとの反論もありうるだろう。また、それゆえ葉の同じ作用が自然な状況でも生じるとしたら、そこには不確定な要素がありうるとの反論もあろう。だがわたしとしては、水に浸した植物がその自然な状況とは逆の状況にあり、ゆえに通常の作用を阻害されていると考えることはできない。水との接触が長時間に及ぶのでなければ、水は植物にとって有害ではない。水は外気とのやり取りを中断させているにすぎない」[*36]。

プリーストリーとインゲンホウスの実験や発見（光合成のプロセスについて真の性質を発見するおおもととなった、最も偉大な科学者のみを挙げるなら、その後にジャン・セネビエ[*37]やニコラ・テオドール・ド・ソシュール[*38]、ユリウス・ロベルト・フォン・マイヤー[*39]、ロビン・ヒル[*40]などが続く）が重要だったのは、単にそれらが植物の生理学の理解を大きく前進させることになったからだけではない。それらがわたしたちの大気の見方を根底から変えたからでもある。わたしたちが吸う空気は純粋に地質学的・鉱物的な現実ではない。空気は単にそこにあるのでもないし、地球そのものがもたらした効果でもない。そうではなく、それは他の生物の息吹だったのだ。「他者の生命活動」の副産物なのである。呼吸は無数の有機体にとって最初の、しかも最も平凡で無意識的な生命活動だが、わたしたちはまさに呼吸において、他の生命に依存しているのだ。しかもなによりもまず、他者の生命とその発現は現実そのもの、わたしたちが世界とか環境とか呼ぶものの本体、そして原材料をなしているのである。

呼吸はすでにして、こういってよければ共食いの原初の形態でもある。つまりわたしたちは、植物が排泄するガスを日常的に糧としており、他の生命によってしか生きることができないのだ。逆にあらゆる生物は、まずもって他者の生命を可能にするもの、あらゆる場所で循環可能であるとともに、他者によって取り込まれることのできる、他動的な生命を産み出すものである。生物は、わたしたちが身体と呼ぶ物質のごく限定的な部分に活力を与えるだけでよしとはしない。それを取り巻く空間にも、またとりわけそこにこそ活力を与えるのである。

そこにこそ浸りがある。それはすなわち、生命が常に生命そのものの環境になるという事実、またそれゆえに生命が身体から身体へ、主体から主体へ、場所から場所へと循環していくという事実のことだ。

光合成は他方、次のことを証してもいる。全体的なレベルで観察するならば、生命と世界との根本的な関係は、わたしたちが適応という概念で想像するものよりもはるかに複雑だということだ。「適応は疑わしい観念である。なぜなら有機体が適応する当の環境は、化学や物理の強制力によってのみというよりも、むしろ近隣の有機体の活動によって決定されているからである。(中略) わたしたちが呼吸する空気や、大海、岩石などは、生きた有機体の直接的産物であるか、あるいはそれらの存在によって大きく変貌したものなのである」[*41]。

世界は、生存競争と相互排除の空間として自身を示す代わりに、最もラディカルな混合形式の形而上学的空間として、それら有機体のうちに自分自身を開くのだ。両立しえないものの共存を可能にする空間、あらゆるものが性質を変えることができ、有機物から無機物へと転じることもできるような、いわば一つの錬金術のラボである。浸りによってこそ、共生・シンビオジェネシス［生物の共発生］は可能になる。他の生物の生命活動のおかげで有機体がアイデンティティーの確立にまでいたるのだとすれば、それはあらゆる生物がすでに一挙に、ほかの生物の生命を生きているからだ。[42]

こういってよければ、植物こそが地球における原始のスープであり、植物ゆえに物質は生命へと変化できるようになり、生命は「原材料」へと再変化できるようになった。わたしたちが大気と呼ぶものは、かたちも本質も犠牲にすることなくあらゆるものを同じ場所に共存させる、この根源的な混合状態にほかならない。

大気は世界の一部分である以上に、すべてが他のすべてに依存する形而上学的な場、あるいは各々の生命がほかの生命と入り組んでいる空間として理解可能な世界のエッセンスである。わたしたちが生きるその空間は、わたしたちが適応しなくてはならない単なる容れ物ではない。その空間のかたちと存在は、それが住まわせている生命、それが可能にしている生命の、様々な形態と不可分である。わたしたちが呼吸する空気や、土壌の性質、地表面の輪郭、天空に描き出されるいくつものかたち[43]、わたしたちを取り巻くすべてのものの色合いなどは、それらが生命の原理をなしているのと同じ意味合い、同じ鮮烈さでもって、生命の直接的な効果でもある。世界は生命から自律し独立した実体ではない。それはあらゆる環境の流動的な性質そのものである。すなわち気候であり、大気なのだ。

それはわたしたちを取り巻き、わたしたちの中へと入ってくるが、わたしたちはそのことをほとんど意識していない。それは空間ではない。つまり精妙な物体、透明で、触覚や視覚ではほとんど知覚できないものだ。けれどもまさしくその流体によってあらゆるものは覆われ、あらゆるものは浸透し、あらゆるものに侵入され、かくしてわたしたちは世界の色や形状、匂い、味わいを感じとるのである。その同じ流体においてわたしたちは事物に出会い、実在したりしなかったりするあらゆるものに触れられるがままとなる。その流体こそがわたしたちを考えさせ、その流体こそがわたしたちを生かし、愛せしめる。大気。それはわたしたちの第一の世界、わたしたちがすっかり浸っている周辺環境にほかならない。すなわち息吹の領域だ。大気は絶対的な媒質であり、それにおいて、またそれを通じて世界がおのれの姿を示すもの、それにおいて、またそれを通じてわたしたちが自分自身を世界にもたらすものである。

絶対的な容れ物である以上に、それはあらゆるものの動き、事物の無限かつ普遍的な相互浸透の原材料、空間、そして力である。大気は他から区別され分離された世界の一部分にすぎないのではない。それは世界が自分自身を居住可能にする原理、世界をわたしたちの息吹に開く原理、世界そのものが事物の息吹となる原理にほかならない。世界に在るとは常に大気のごとくに在ることだ。なぜなら世界は大気として存在するのだから。

大気［アトモスフェール］という用語は近代のものである。オランダ語の「ダンプクロート」という表現に古典的雰囲気を与えるために、一七世紀に考案された新語だった。そのオランダ語もラテン語の「ヴァポルム・スファエラ（蒸気の球）」の翻訳であり、ガリレオにおいては霞んだ領域を意味する「レジョーネ・ヴァポローサ」を指す用語だった。*44 けれども地表のすぐ上の空気の層、太陽光の反射で暖められ、大地から発散する蒸気で湿った領域である以前に、大気は何世紀にもわたって元素と形相の循環する空間、それらが結合する形而上学的空間、実体でも形相でもない、ただ息吹の巡り合わせで推し量られる、あらゆる事物の統一性をも意味していた。

世界の統一性を大気として考察した嚆矢にストア派があった。彼らは統一性がまとうことのできる各種の形式について問い、また世界に固有の統一性の形式をその全体性において考察し、全体的混合という概念を編み出した。

異なる実体や対象同士の相互作用で産み出される結合の形態は三種類想像できる。一つは単純な並置（パラテーシス）で、種子が大量に存在する場合のように、そこでは異なる事物がなにも共有することなく、それぞれの物体の境界線を保ちながら一つのかたまりを構成する。二つめは融合（シュンキュシス）で、香水の場合のように、構成要素のそれぞれの性質は解体されて新しい対象物が産出され、もとの要素のものとは異なる性質や特徴を有するようになる。三つめは完全な混合（クラーシス・ディホローン・アンティパレクタシス）で、そこでは数々の物体がそれぞれの性質や個別性を保ちながら互いに場所を占める。[*45]

ここで世界と称されるものを考えてみると、それは表面的な接触以外の関係をもたない単なる対象物の堆積とは考えられないし、もとの構成要素から本質や性質で区別される超・対象[*46]をもたらすような、数々の物体の完全な融合とも考えられない。

アフロディシアスのアレクサンドロス［アリストテレス注解者として知られる三世紀の哲学者］は、クリュシッポス［前三世紀のストア派の哲学者］の教説を要約して次のように記している。「ある種の混成は並置によって生じる。二つ以上の実体が「両端接合」により加えられ、互いに並べられる場合である、と彼［クリュシッポス］はいう。そのような並置の場合、それぞれの要素は、自身の境界のうちに自分に固有な実体や性質を保ち続ける。ソラマメや小麦の種が互いに並置される場合がそうである。別種の混合は融合によって生じる。実体そのもの、および実体のうちにある属性が相互に破壊される場合である。医療に用いる薬において、混合される成分がともに破壊されることでそこから別の物質が産み出される場合に、そういったことが生じる、と彼はいう。さらに別の混合もあるとされる。混合されるものの当初の実体や属性が保たれつつ、なんらかの実体とその属性がそれぞれ相互に延長されるような場合に、そうしたことが生じる、と彼はいう。そしてまさにこれが、数々の混合のうちでも本来的な意味での混合をなすというのである」*47。

大気を混合の空間と考えるとは、構成や融合といった観念を超越することを意味する。その同じ世界の諸要素のあいだには、物理的な隣接関係で産み出されるよりもはるかに深い結託と親密さがある。さらにそうした愛着は、様々な実体、色彩、かたち、種別などの寄せ集めにも、一枚岩の統一性への縮減にも同一視されることはない。様々な事物から世界が形成されるのだとすれば、それはそうした事物が自身のアイデンティティーを失うことなく混合するからにほかならない。

混合の統一性もまた、機械的なものではまったくない。「実体が統合されるのは、それがなんらかの息吹によって貫かれるからである。その息吹があればこそ、全体が保たれ、まとまりが続き、自身を思いやることができるのである」。溶け合うことなく混合するとは、同じ息吹を共有するということだ。生物の身体の統一性にこそ注意を払わなくてはならない。身体の器官は単に並置されているのでもないし、物質的に液状化して溶け合っているわけでもない。それらが〈身体〉をなすのは、同じ〈息吹〉を共有するからだろう。コスモスについても同じことがいえるだろう。世界のうちに存在するとは、アイデンティティーを共有するのではなく、常に同じ〈息吹〉（プネウマ）を共有することだ。「自分を自分に向けてひとりでに動かす、息吹というものがある」[*48]。世界というものの力学、世界に内在するリズムとはまさにそのようなものだろう。呼吸とは混合の技法であり、あらゆる対象がそれ以外の事物と混合し身を浸すことを可能にするものなのだ。息吹の領域、そして究極の地平でもある〈大気〉は、この親密さと統一性のかたちであり、それは物質や形状の均一性によって定義されるのではなく、同じ息吹の共有によって、あるいは諸要素の集合体が醸す同族的な〈空気〉の共有によって定義される。その集合体は雑多な対象が単につながっただけのものではない。大気、あるいは気候は、性質や形状の統一性に帰着させる必要のない、まさにそうした統一性のことをいうのである。

このような統一性をもたらすものは、かたちや可視性、内実などをももたらす。その同族的な空気こそ、わたしたちに集合体の真のアイデンティティーを認識できるようにするものであり、わたしたちはまさしく大気によって、場所を占める対象を越えて、場所自体をその全体において目にできるようになる。

息吹は単に運動状態に置かれた空気なのではない。それはある種の閃光、隠れていたもののの露呈でもあり、啓示の手段でもある。世界が共通の普遍的な息吹によって統一されているというのは、息吹というものが、ギリシア人が〈ロゴス〉と名づけたもの、つまり言語や理性の根源的な本質をなしているからだろう。ゆえに、世界の混合を産み出すのは〈ロゴス〉にほかならないのだ。それはまさにすべてを他のすべての事物の空間的広がりのもとで、固有の同一性を失わせることなく混合させる。息吹が世界に統一性を与えるというのは、それが可視性と合理性の究極の根源でもあるからにほかならない。息吹は世界の真の〈ロゴス〉、その言語、そのパロール、その啓示の器官にほかならない。

世界とは、息吹の質料・形相・空間・現実のことである。植物は〈あらゆる生物の息吹〉であり、〈息吹としての世界〉にほかならない。逆にいえば、あらゆる息吹は、世界に在るということが身を浸す体験であるという事実の証左でもある。呼吸するとは、わたしたちが浸透するのと同じ資格・同じ強度でもってわたしたちに浸透してくる環境に、浸りきることを意味する。すべての存在は、自身のもとで浸る当のものに浸される限りにおいて、世界内の存在なのだ。植物はこのように、浸りのパラダイムをなしている。

8　世界の息吹

それはわたしたちのあらゆる経験の基礎をなしている。それは実体ではない。自身のうちに事物の本性を隠しているわけではないからだ。ひとたび体験が完遂されるとそこに加えられるような、遅れてやってくる木霊でもない。それは規則正しく飽くことのない律動を伴う運動、地平の彼方まで行ってはわたしたちのもとに立ち返り、わたしたちの身体の上で砕け、わたしたちの肺の中で粉々になる、いわば音のない波である。

それがなければ、わたしたちの生命にはなにも可能にはならない。わたしたちに生じるすべてのことは、それと混じり合い、その内部において生じなくてはならない。それ、つまり呼吸こそが、あらゆる高等生物の最初の活動、存在と一体であるといえる唯一の活動なのだ。わたしたちを辟易させない唯一の活動、活動そのものの他に目的をもたない唯一の運動である。わたしたちの生命は（第一の）息吹で始まり、（最後の）息吹で終わる。生きるとは、呼吸をし、自分自身の息吹に世界の原材料をすべて取り込むことにほかならない。

呼吸は人体のすべてにおいて最も基本的な運動だが、それだけではない。生物の第一の、そして最もシンプルな営為でもある。生物にとってのパラダイム、その超越論的なかたちでもある。呼吸はきわめてシンプルに、世界に在ることの最初の名前でもある。

思惟もまた呼吸のことにほかならない。観念も概念も、そして中世スコラ学の時代から「志向的形象」と呼ばれてきたものも、精神のうちに宿る世界の小さな断片の数々にすぎない。言葉・図像・行為によって、コスモスにおけるそれら断片の鮮烈さが復元される以前のものだ。

視覚もまた呼吸である。光を、そして世界の色彩を受け容れ、世界の美しさに貫かれるがままとなれるだけの力を得て、世界の一部分、そのほんのごく一部分のみを選択し、かたちを作り上げ、世界の連続体からかすめ取ってきたものをもとに生命活動を促すのである。

知覚から消化、思考から享楽、言葉から運動機能にいたるまで、生物におけるすべては呼吸の分節化でしかないといえるだろう。すべては呼吸に生じたものの反復、強化、変化なのだ。それゆえに、医学から神学、コスモロジーから哲学まで、この上なく多岐にわたる学知は、実に多彩な形式、多様な言葉（〈スピリトゥス〉、〈プネウマ〉、〈ガイスト〉）でもって、生命活動に固有の名を呼び慣わしてきた。それに地位を認めるべく、形相、質料、存在を駆使し、他とは異なる実体と見なしてきたのだ。それがすなわち「精気」である。だが呼吸の原初的な属性、いっそう逆説的な属性はその非・実体性にこそある。呼吸は他から分離できるような対象ではなく、あくまで振動にすぎない。あらゆる事物が生命に開かれ、ほかの対象と混じり合うような揺れ動き、ほんの一瞬のあいだ、世界の原材料を活性化する振動だ。

その振動は、生物と同時にそれを取り巻く世界にも影響する。呼吸に際しては、わずかな時間、動物とコスモスとが接合し、存在や形相によって際立つものとは別の統一が定着する。しかしながらまさにその同じ動きにおいて、生物と世界は互いの分離をも確立する。わたしたちが生命と呼ぶのは、ほんの一部分の物質が世界から区別される際のその身振りのことであり、その区別には、生命が世界と混合するときに用いられる力と同じ力を伴う。息をするとは世界を作ること、世界に溶け込むこと、そしてその永続的な営為の中で、自分のかたちを再び描き出すことをいう。呼吸するとは、世界を知り、世界に浸透し、世界とその精気によって浸透されることをいう。世界を横断し、つかの間、その同じ跳躍でもって、世界を個別に経験する場となること。この作用は決して終わりとなることはない。世界は生物と同様に、息吹の回帰、その可能性の回帰にほかならない。まさに精気である。

呼吸は生物の活動にのみ限定されない。それはまた、そしてとりわけ、世界の内実を規定している。呼吸が描き出す空間は、経験することのできる世界の境界と一致する。わたしたちは、自分自身の息吹が到達できるところにまで赴くことができるのだ。逆にいうと、呼吸のない世界は、解体途上の対象が雑然と塊になっているものにすぎないだろう。わたしたちが呼吸ゆえに世界に在るのだというのは、呼吸するからこそわたしたちは世界を認識し、世界を操作するからである。わたしたちが世界の本性とは何かと問うべきなのは、呼吸に対してなのである。呼吸あってこそ世界はその姿を明らかにするのだし、呼吸あってこそ世界はわたしたちのために存在する。

世界を住処とする数知れない存在、この上ないほどに多様で比類なき事物、最も遠く隔たった時間と空間、両立などとうていできないような複数の現実同士など、いずれもが呼吸の無限のかたちから自身の統一性を引き出している。それらはみな、一つの世界へと互いに溶け合っている。あらゆる異なるものの上位にある統一性、存在するものと存在しないものの上位に位置する越えがたい統一性として、世界は呼吸のもとに、呼吸としてのみ存在する。

息吹という形而上学的空間はあらゆる矛盾に先立っている。呼吸は、魂と身体、精神と対象物、観念性と現実といったあらゆる区別に先行している。感覚の作為性と、実在に対するその優位性を宣言するだけでは不十分だ。感覚と実在は常に呼吸のように、また呼吸のもとで活性化している。両者は呼吸の特殊な振動にほかならないからだ。世界は息吹であり、そこに存在するすべてのものは息吹のごとくに存在する。世界の存在は論理学の領域に属するような事実ではない。それは呼吸学＝精霊論（プネウマトロジー）の問題だ。呼吸のみが、世界に触れ、世界を感じ、世界に存在を与えることができる。存在者はひたすら世界を呼吸するしかない。

息吹を世界の超越的な一体性と見なし、生物の現実がそのようなものであることの証左としたのは、なにも古代人だけではない。未刊行の断章においてアイザック・ニュートンはこう記している。「このように地球は一つの巨大な動物、あるいはむしろ動かない植物に似ており、エーテル的な息吹を引き入れては日々回復につとめ、活力を醸成し、再び大規模な発散を生じさせている」[*1]。

だが、大気に世界の生きた統一性を認め、それを地球が生命によって決定づけられている証左と認めるには、近年のガイア仮説をめぐる議論を待たなくてはならなかった。その初期の定式化の一つ、ラブロックとマーギュリスが一九七四年に雑誌『イカルス』に発表した論文での理論は、大気の存在そのものが「惑星レベルでのホメオスタシス［恒常性維持機能］」[*2]の証左であると主張している。その根拠は「生命は地球上の表面におけるエネルギーとマスの流れを決定づけている」[*3]という事実にあるとされる。大気は地球をその全体において活気づける生命の息吹だというのだ。

その発想は実はかなり古くからある。ジャン゠バティスト・ラマルク［一九世紀フランスの博物学者］はおそらく、大気と気象の空間を、物質と生命、世界と主体性が相互接続するダイナミックな場として定義した嚆矢だった。ラマルクが「水文地質学」と呼ぶ、この知覚可能な最低限の空間を扱う学問に捧げた論文は、次のような問いかけから始まっている。「地球の表面上にあり、地球が身にまとう外殻を成す物質に、生物の身体が及ぼす影響とは何だろうか、そしてまた、そうした影響がもたらす一般的帰結とはどのようなものだろうか」[*4]。

地表の最も外側にある物質的な層と、循環する存在の広大な流れとして地球表面にせり出す気体や液体の全体について考察する可能性が開かれたのは、次のような発見に促されてのことだった。「地球の外殻を構成するあらゆる種類の鉱物的複合材料は、個別の堆積物や鉱脈、平行地層などによって眼にすることができる。それらは平地や丘陵、渓谷、山地などをかたち作るが、そうした複合物はすべて、地表のその部分で生命活動を行っていた動物や植物の産出物にほかならない」[*5]。ラマルクによれば、地表のそうした統一性は凝集の状態から生み出されたものであり、地表の物質が様々なかたちを織りなす直接的・間接的な原因は、生物による組織化の機能にある。『回想録』にはすでに次のように記されている。「地球上で観察されるすべての化合物は、直接的もしくは間接的に、生命を伴う存在の諸器官の能力に帰される。というのも、それらの存在がすべての原材料を形成するからである。それらの存在は自分に固有の物質を自分で構成する能力をもち、また一部の存在(植物)は、それを構成するために、自身の実体に同化できる最初の化合物を形成する能力をもつ」[*6]。

単に化合物に対する影響力という話ではない。生物が現前するということは、物質の凝集具合を決定づけるにとどまらず、その地位をも定義づけるということなのだ。世界は生物が存在するその当の場所にのみ存在する。一方で生命の現前は、空間の性質そのものを変容させる。

それはラマルクが『動物哲学』で記したのと真逆に作用する運動である。すなわち、環境がもたらす状況、新ヒポクラテス派の医学でいう〈周辺環境〉[*7]に適応すべきはもはや生物の側ではない。環境の側がその全体において、生物の総体にとっての反響、光輪、後光にならなくてはならないのだ。つまり動物にとっての大気に。

逆もまた真なりである。わたしたちが、自分を取り巻く環境に大気のごとくに繋がっているのは、大気こそが恒常的に、生物を生み出すものだからでもある。生物と環境との化学的関係を分析した初期の著作の一つに、ジャン゠バティスト・デュマとブサンゴー［いずれも一九世紀フランスの化学者］が一八四四年に発表した『化学統計論』があるが、それはまさにそうした結論に達している。著者たちは、植物が「あらゆる点で動物に属するものとは逆のやり方で」機能しているとの事実から出発する。「動物界が巨大な燃焼装置をなしているとするならば、植物界のほうは巨大な還元装置をなしている」。両者が完全に統合されているのは、あらかじめ確立された調和の単なる副次的作用なのではないし、自然の救済体系として表出する神の統治の結果なのでもない。それは植物と動物の生命が、そっくりそのまま大気に依存しているという事実の帰結なのだ。「一方が空気中に与えるものを、他方は空気中から取り出すのであり、結果的に、そうした事実をより高度な地球物理の観点から捉えるなら、それらの真に有機的な要素に関する限り、植物も動物も空気から派生した、〈凝縮された空気〉でしかないといわざるをえないだろう。（中略）したがって植物や動物は空気からやって来ては空気に戻るのである。それらはまさに大気への依存関係をなしている。植物はこうして絶えず空気から、動物がそこにもたらすものを取り込んでいる」[*8]。

わたしたちは地上に住んでいるのではない。わたしたちは大気を通じて中空に住んでいるのだ。わたしたちは大気で満たされるが、それは魚が海水に満たされるのとまったく同じである。また、わたしたちが呼吸と呼ぶものは、いわば大気を耕すことにほかならない。

二つの動き、すなわち生物から環境へと向かう動きと、環境から生物へと向かう動きとの合流を試みることは、大気を生命・物質・エネルギーが循環するシステムないし空間として考えることを意味する。それはロシアの自然学者ウラジーミル・ヴェルナツキーのラディカルなアプローチでもある。ヴェルナツキーは「大気とは生命から独立した領域ではない」[*9]と認め、それを生命の表出にほかならないと捉えていた。というのも、大気という生命にとって新しい透明な媒質を創り上げたのは、ほかならぬ緑色植物だからだ[*10]。「生命は地表において他分子と結合していない酸素を作るが、天体からの波長の短い有害な放射線から生物圏を保護するオゾンをも作り上げる」[*11]。

逆に生命は大気をもとに成立した。「生命をもつ物質は、酸素や二酸化炭素、水素などの大気中の成分をもとに、また窒素化合物や硫黄化合物を用いて有機的身体を構築する。それらの気体を可燃性の液体や固体に換え、太陽からの宇宙エネルギーを蓄えるのである」[*12]。ヴェルナツキーは生物圏を「地球の外殻」と呼んでいる。それは単に物質的な領域として考えられているのではなく、なによりもまず「エネルギーの領域、惑星の変容の源」として捉えられている。「コズミックな諸力によって地球の表面は加工され、その結果として生物圏は惑星の他の部分とは歴史的に異なるものになった」[*13]。

この領域の主要な源をなしているのは、ヴェルナツキーが「生きた物質」[*14]と呼ぶものである。それは有機体と生物の身体の全体であり、新たな化合物の創造を導くとともに、「地表面での化学反応の起きにくさを強力かつ継続的に乱す」ことができる。そうした生きた物質こそが、「自然の色合いや形状、動物と植物の連携を、文明化した人類の創造的な仕事のごとくに創り上げる」のであり、「ゆえに人類は、地表面での化学的プロセスの一端を担うことにもなった。外殻には、生命活動の影響がはっきりしないような、また化学反応が生命の活動の痕跡を示さないような、化学的な均衡状態というものは実質的に存在しない。その意味で生命は、地表面での外的・偶発的な現象などではない。生命は外殻の構造に密接に結びついており、外殻のメカニズムの一部をなし、そのようなメカニズムが存在するために最も重要な機能を担っている。生命活動がなければ、地表面のメカニズムというものも存在しないだろう[*15]」。

生物の総体において、植物は大きな役割を担っている。「あらゆる生きた物質は、生物圏のメカニズムにおいては単一の実体と見なすことができるが、生命のごく一部分、つまり葉緑素をもつ緑色植物のみが太陽光を直接利用することができる。(中略) 生物の世界はその全体として、緑色の生命の部分と直接的で分かちがたい関係を結んでいる」。

大気は世界に付加される何かではない。それは混合という現実としての世界そのものである。その内部ではあらゆるものが呼吸している。自然科学がコスモスの真の本質として浸りや混合をなかなか考察できずにいるとするなら、人文科学のほうはコスモスの本質を、さらには気候を、ひたすら理解しようと試みている。一方では、それを〈純粋に自然的な、したがって人文学の領域から排除されてきた〉事実として、また他方では、純粋に人間的な現実、あるいはひたすら美学的な事象として、つまり非・人間的な世界に属するものとはもはやなんの関係もない事象として理解しようとする。

かくして古代ギリシアの医師だったヒポクラテスの有名な著書『空気、水、場所について』[*16]以来、アリストテレスからモンテスキュー[*17]へ、ウィトルウィウス［紀元前一世紀のローマの建築家］からヘルダー[*18]［一八世紀ドイツの哲学者］へといたる、長大な伝統が培われてきた。それはラッツェル［一九世紀ドイツの地理学者］の政治地理学や、和辻哲郎の形而上学的地理学[*19]などを育むことにもなる。

アプローチや教義、歴史的文脈はこの上なく多様だが、その伝統は主に二つの観念を軸としている。まず一つは、デュボス神父［一八世紀フランスの歴史家］が記すように、「人間という機械は、一地域の空気の質、そうした質に生じる乱れ、一言でいうなら自然の作用と称されるものを乱したり整えたりするあらゆる変化に、果実が依存しているのとほぼ同じように依存している[*20]」との認識である。

気候はここで人間的でないものの同義語となっている。人間の圏域、つまり文化、歴史、精神の活動などは自律しておらず、人間的でないものを基礎としているというのだ。明らかに精神的でない要素、つまり空気や水、光、風などは、精神を生み出しはしないが、人間に、あるいはその行動、態度、思想に影響を及ぼしうるというのである。気候は人間の身体的な面での多様性を産み出し、基礎づけているが、人間の素行の面においてはいっそうそうだとされる。エドメ・ギヨー［一八世紀フランスの発明家］が記すように、「大地の性質、その実りの質、気候の違いは、色彩の変化、あらゆる人間の姿や気質の多様性に寄与してきた[*21]」。人間的でないものは、空間だけでなく時間や歴史においても、生命のかたちの多様性の原因となっているのである。

ヘルダーリン［一九世紀ドイツの詩人］のアプローチは、カントがいうように歴史を一種の「人間知性・感覚能力の気候学」に仕立て上げたが、それを急進化させたゲオルク・ジンメル［二〇世紀初頭のドイツの哲学者］の社会学は、大気の概念を、社会を認識するための絶対的な媒質と捉えた。「誰かの空気を感じ取ることは、その人物についての最も内密な知覚にほかならない[*22]」。大気をあらゆる社会性のもとになるダイナミズムだと見なす考え方は、大きな成功を収めることになった。たとえばペーター・スローターダイク［現代ドイツの哲学者］は、大気を、人間が共存するための原初の産物であると同時に、あらゆる文化的生活の、あるがままの姿のパラダイムでもあると理解している。スローターダイクはこう記している。「共通空間の象徴的気候化は、あらゆる社会の原初の生産形態である。人間は（中略）共有する環境と共通の前提とに依存することを目的とした、生きた被造物なのだ[*23]」。

共有される環境をスローターダイクは圏と名づけている。絶対的内面性の幾何学的形象だ。「圏に存在することは、人間にとって基本的な状況なのであり、［ゆえに］人間は、自然と呼ぶものといまだかつて直接的な関係を結んだことがなく、またとりわけその文化は、赤裸々な事実と称されるものにじかに踏み込んだことがない。すなわち人間は、息を吹き込まれ、共有され、開かれ、修復された空間においてのみ、常に生きながらえてきたのである」[*24]。人間は「自然発生的な大気の温室の中でのみ栄えている」というわけだ。

社会において生きるとは、そうした空気の構築に参与することにほかならない。逆にいえば、空気とはつねに文化的な事象なのだ。さらにそのことは、自然状態は決してありえないことの現れでもある。つまり、スローターダイクにとって気候化とは、自然の世界へのアクセスが不可能であることを意味しているのである。けれども逆に植物は、気候化、すなわち〈エア・デザイニング〉が、生物が存在する上での最もシンプルな営為、その最も基本的な性質であることを証している。

文化を他のものに還元しようとする考え方は、長い伝統に根ざしている。その伝統は大気を「新しい美学の基本概念」と見なしている。大気は「知覚する側と知覚の対象物とに共通の現実」をなしているとされる。すなわち「知覚の対象物にとっては、その対象物が存在する圏域としての現実、知覚する側にとっては、なんらかのかたちで現前している事物としての現実[25]」だというのである。この解釈はレオン・ドーデ［二〇世紀初頭のフランスの作家］にまで遡るもので、大気を「皮膚による認識、精神による認識のごとき接触による認識、精神による認識が語源を用いるのと同じように上皮細胞を用いた認識[26]」と見なす。

この統合的な認識能力は「時間・空間を包摂する」。「それは世界から発現すると同時に、わたしたちからも発現する。それはわたしたちのもと、つまり意識、人格、民族のもとに、普遍的なものが内包されているかのように存在する。あるいは、個を特定したのちに結び合わせるような何か、量的でも質的でもなく、両方の特徴を同時に合わせもった何か、生命活動の中で固有の生をもつ何かとして。その生は、生命をもたない自然の中に秘めやかに隠されてはいるものの、ときに明らかになることもあるようなもの、ラジウムの生や波動の生にも似たようなものである[27]」。

その発現は「精神的であるとともに有機的でもある」。「精神的な面では存在の全体に結びつき、有機的な面では上皮や内皮の組織に結びつく[28]」。それはコスモスとの一致を基礎とする。「皮膚のあらゆる表面でもって、わたしたちは宇宙的均衡に与る身となる。外と内との適合（事物と感覚の適合）者である[29]」。

大気をこのように心理学的・認識形而上学的に還元するとき、そこでは大気が基本的に〈存在論的〉事象であることが忘れられているように思われる。存在論的事象は、事物の存在の地位、または存在様式に関わるのであって、それらがどのように見なされるかには関わらない。あらゆる認識の行為は、主体と対象とが混合することなのだから、それ自体、大気的な事象であるといえそうだが、もしそうであるなら、大気の領域を延長するとしたら、それはあらゆる認識的行為を超えた先にまで及ぶことになるだろう。

9　すべてはすべての中に

生きるとは呼吸することにほかならない。それは、世界に対するわたしたちの関係が、世界に投げ入れられた存在とか、世界内存在とかの関係ではなく、また、対置される対象を主体が支配する関係でもないからだ。世界に在るとは、超越的な「浸り」を体験することなのだ。

息吹はまさにその「浸り」の原初の力学をなすものだ。浸りは相互の内在、あるいは相互に入り組むこととして定義できる。なんらかの事物がわたしたちのもとに在るのと同じ強さ、同じ力を伴って、わたしたちもその事物のもとに在る、ということだ。そうした内在の相互性によって、息吹は逃げ場のない条件となっている。人は自分が浸る環境から自由になることはできず、わたしたちが現前することによってその同じ環境を純化することもできない。

息を吸い込むとは、わたしたちの中に世界を到来させること、つまり世界がわたしたちの内にあるようにすること、息を吐くとは、わたしたち自身にほかならない世界に、自分自身を投げ出すことである。世界に在るとは、わたしたちが知覚し、生き、夢見ることのできるすべて、将来的にできるかもしれないすべてを含みもつ究極の地平の〈内部に〉、単純に身を置くことではない。わたしたちが、生き、考え、知覚し、夢想し、呼吸し始めるときから、世界はその無限の細部においてわたしたちの内にあり、物質的・精神的にわたしたちの身体と魂に浸透して、わたしたちを成立させるかたち、内実、現実をもたらすのである。世界は場所ではない。それはすべてがすべての中にあるという浸りの状態、トポロジカルな内在性の関係など一瞬にして覆す混合の関係なのだ。

混合を厳密に、世界に固有の形状として定義した嚆矢は、アナクサゴラス〔前五世紀の古代ギリシアの哲学者〕だった。すべてがすべてのもとにある〈パン・エン・パンティ〉とアナクサゴラスは述べた。浸りは、ある物体が別の物体の中にあるという一時的な条件なのではない。二つの物体の関係性でもない。浸りが可能になるには、〈すべてがすべてのもとになければばならない〉。

一つには、すでに見たように、なんらかの事物の中に浸るとは、その事物のもとに自分が在り、その事物もまた自分のもとに在るということを体験することにほかならないからだ。もう一つには、あらゆる事物がほかのあらゆる事物の場になると思われるそうした絶対的かつ相互の混合が、アナクサゴラスによるなら、時間や空間に限定された条件なのではなく、世界そのものの形状、世界に在るすべてのものの形状であるからだ。世界が存在するためには、個別と普遍、個物と全体は互いに、かつ全面的に浸透し合わなければならない。つまり世界とは普遍的な混合空間なのであり、そこではあらゆる事物が他のあらゆる事物を包摂し、またあらゆる他の事物に包摂されるのである。逆にいえば、内在性（事物の中にあるということ）は、あらゆる事物を他の〈あらゆる〉事物に結びつける関係、〈世界の〉事物の存在を定義づける関係なのである。*1

すべてがすべての中にあると述べること、したがって浸りは世界の永続的なかたち、その可能性の条件であると述べることは、まずはあらゆる物理的な出来事が浸りとして生じ、また浸りから生じると確言することにほかならない。自分が書いているページを見ることができるのは光のおかげだが、そうして光はわたしが浸っている海そのものとなる。その光もまた、それを照明器具につないでいるスイッチやケーブルの中に、さながら胎児のごとくにあり、またそのスイッチを入れるわたしの手の中にある。そしてスイッチを動かした手は、今その手を照らし出す当の光の中に含み入れられている。すべてはすべての中にある、というわけだ。

このような混合によって、世界と空間は普遍的な伝達可能性・翻訳可能性が実現する場となる。わたしたちが伝達と呼ぶものは、こうしたすべての事物がすべての事物の中に相互に内在する状況の、単なる木霊にすぎない。世界は永続的な拡散にほかならない。

すべてがすべての中にあるというのは、世界においてはあらゆるものが循環でき、伝達でき、翻案できなくてはならないからだ。空間のパラダイムをなす形状としてときに人が想像する不可入性は、実は幻想にすぎない。伝達や相互浸透を妨げるものが存在するとされるその場所で、新たな局面が生まれ、それによって物体は、一方が他方に内在する関係を相互浸透の関係へと覆すことができるのだ。世界の中にあるすべては混合を産出し、その混合の内で自身を産出する。あらゆる場所ですべてが出入りするのである。

世界とは開かれること、絶対的な循環の自由のことなのであり、物体は他の物体と並存するのではなく、相互に「通過していく」のである。生きること、経験すること、世界に在ることとは、あらゆる事物によって自分が貫かれることでもある。自己の外に出るとは、常に他のなんらかの事物に入り込むこと、その事物のかたちやアウラの中に入ることなのだ。自己の内に戻ることも常に、ありとあらゆるかたち、対象、イメージなど、アウグスティヌスが記憶の中に驚きをもって見いだしたのと同じ数々のものに出会うための、準備をすることにほかならない。記憶は混合の産出もとであるとともに、全体的な相互浸透の見事な証左をもなしている。[*2]

科学と哲学は、事物と生物の本質、その形状と活動を分類し定義することにこだわってきた。だが、それらの〈世界性〉、つまり他の事物に入り込み、他の事物によって貫かれるという能力からなるそれらの〈本性〉については、認識できないままになっている。

物質についても同様だ。物質は事物を分割したり区別したりするものではなく、事物同士の出会いと混合を可能にするものなのである。物質は、あるかたちが世界に内在するその空間にのみ帰されるものではない。むしろそれを通じてすべてがすべての中にあるようになるもの、何ものも他のものの宿命から逃れられなくなり、あらゆるものが世界に貫かれ、したがって世界を貫けるようになる、その当のものなのである。

世界を、このようにすべてがすべてに内在するという恒久的な逆転の現実と見なすことは、空間を、外在性全般を表す名称と考えるのではなく、普遍的な内在性を表す名称と捉えることを意味する。つまり自己の内に、自分自身を含みもつすべてを含み入れるということだ。延長［空間的広がり］や有形性は、〈自己保存の傾向〉に見合った強さを伴って、存在が他のあらゆる事物の外部をなすような（パルテス・エクストラ・パルテス）空間のことをいうのではない。その空間は逆に、すべての事物が他のすべての事物によって貫かれる状況に晒される経験、あらゆる形状、内実、色彩、匂いを伴って、世界を貫こうとする経験そのものをいうのだ。したがって空間や延長とは、あらゆる事物を呼吸させ、拡散させ、息吹において混合させる力のことなのである。なぜなら呼吸するとは、世界に浸透されるがままにし、それによって世界〈をも〉わたしたちの息吹であるような何かに変えてしまうことなのだから。あらゆるものは呼吸し、すべては息吹である。なぜならあらゆるものは相互に浸透し合うからだ。

したがってその場合、新たな幾何学が考案されなくてはならない。なぜならコスモスは、もはや球も面も描き出さないからだ。自然としてのコスモスは、あらゆる存在をおのれのもとに含みもつような地平（圏）ではない。また、事物の全体（〈タ・パンタ〉）でもないし、そうした要素を超越した全体性（一者もしくは神）でもない。けれども、ドイツ観念論で頂点をきわめた哲学の伝統が思い描いたように、その超越性を否定し、それを原初の潜在力、〈基礎〉または〈根〉(基盤)とするだけでは十分ではない。また、その基礎を〈底が抜けたもの〉(〈無底〉)[*3]と考えるのも十分ではない。

〈すべてがすべての中にある〉(パン・エン・パンティ)と主張することは、単にすべてが単一の層に存在している様子を思い描くことではない。コスモス、すなわち〈自然〉は、事物を基礎づけるものではない。それは事物の混合、事物の呼吸であり、事物の相互浸透を勢いづける運動だ。別のいい方をするなら、世界の実在を考えるには内在の概念では不十分であり、また汎神論がなそうとしていたように、すべての事物が神のもとに内在すると想像し、世界と神とを合致させて、(またその合致を、神のみを通じて考えて)世界の実在をラディカルなものにするのにも不十分である。真の内在性とは、すべての事物を別のすべての事物の内に存在せしめるような内在性である。

すべてがすべての中にあるとは、すべてがすべてに内在するということである。内在性はもはや事物と世界との関係ではない。それは事物同士を結びつける関係となる。そしてその関係そのものが、世界を構成していくのである。

このように全体性は、ラディカルで絶対的な内在性の関係を定義づける。それによって、内容と容れ物の区別はすべて無効となる。なぜなら、仮にすべてがすべての中にあるのだとすると、あらゆる事物がほかのあらゆる事物を内包するばかりか、任意の事物は、それが含みもつ他の事物に加え、自分以外のあらゆる事物の中にも見いだされることになるからだ。〈何かに含まれている〉という事実は、その同じ何かを含みもつという事実と共存できる。容れ物は、それが含みもつものにとっての内容物でもあるのだ。

この一致は論理的な一致ではない。それはトポロジカルで動的な一致だ。あらゆる対象物は他の対象物にとっての場をなしており、また逆に場であることは、まったく別の事物の内におのれの世界を見いだすことでもある。すべての事物はなんらかの仕方で世界をなしているが、その世界はもはや、時の終わり・空間の果てにおいてのみ姿を現すような、到達不可能な究極の地平ではない。いかなる対象物とも、数量で表せないような一致を見る同一性なのだ。

世界に在るとは、他のあらゆる事物を含みもつ無限の空間に置かれることではもはやない。みずからのうちに場所を見いだし、したがって自分にとっての場所の場所となることなしには、もはや任意の場所に存在するという経験をなしえない、ということなのだ。世界とは、あらゆる内在性をその逆のものに変え、あらゆる内容物を場所に、あらゆる場所を同じ複合体の要素に変える、そうした力にほかならない。

したがって混合のコスモロジーは、伝統が教え伝える存在論とは別の存在論を基礎とすることになるだろう。なぜならあらゆる作用は相互作用、さらに適切ないい方をするなら相互浸透、相互の影響の作用だからだ。物理学、すなわち自然学は、したがって根底から書き換えられなくてはならないだろう。仮に世界があらゆる存在者のもとにあるとすれば、それはすなわち、あらゆる存在者は世界を根底から変容させることができるということだ。普遍的な混合が体現する事実とは、世界はその構成要素が及ぼす変容に、常に晒されているということである。

次のような逆説に対峙するには、なにも人新世を待たずともよい。すなわち数百万年もの昔、動物的生命の可能性の条件を産み出し、世界を変容させたのは、ほかならぬ植物だったということだ。「植物新世」[*4]こそが、世界が混合であること、そして世界のあらゆる存在は、世界がその存在の中にあるのと同じだけの強さをもって世界の内にあるということの、最も明確な証左なのである。その普遍的な混合においては、結果は自身のうちに横たわる原因を、常に変化させることができる。その意味で浸りは、個の前に全体を、後続するものの前に先行するものを置くような一方通行の関係を破棄することになる。混合における因果関係は常に双方向的なのだ。混合とはつねに〈前後倒置〉なのである。生命に固有のものと考えられてきたフィードバックの機能は、息吹に固有のリズム、混合の呼吸にほかならない。

また、そうした理由から、環境や周辺世界といった概念も否定されなくてはならない。なぜかといえば、世界の他の事物が生物の個体にとっての環境であるのと同じ意味において、生物は世界にとっての環境でもあるからだ。影響は常に双方向に及ぶのである。遡及効果は浸りの作用なのであり、浸りはコズミックな事象なのだ。それはコスモスの可能性の形式、可能性の条件であって、〈人間的〉行動の結果なのではない。人新世という概念は、世界の実在それ自体を定義づけるものを、単一の営為、歴史的で否定的な営為へと変形してしまう。つまり自然を文化例外に、[*5] また人間を自然外の原因にしてしまうのだ。その概念は、とりわけ世界が常に生物の呼吸の現実をなしている事実を、顧みようとしない。

コスモロジーはこの意味において呼吸学なのであり、さらにいえば、その最たる形式でもある。世界を知るとは、世界を呼吸することにほかならない。というのも、あらゆる息吹は世界の産出であるからだ。分離していると思われているものが、動的な統一として再集結するのである。呼吸するとは世界を味わうことでもある。そして世界は、あらゆる生物とあらゆる対象物にとって、息吹を通じ、息吹のおかげでもたらされるものだ。世界には息吹の味わいがある。あらゆる精気が世界を作るとするなら、それは呼吸という営為が、わたしたちの内なる動物的なものの単なる残滓ではなく、わたしたちが脈動をなしている世界のかたちと内実にほかならないからだろう。

呼吸学とコスモロジーのこの合致には、なんら隠喩的なものも、恣意的なものも含まれてはいない。世界について問いかけること、そのかたち、その限界、さらにはわたしたちが世界を知り、そこに加わることができるようにする息吹そのものとしての世界の内実を問うことは、古典的なコスモロジーでは決して得られないような明証性を再び見いだす可能性を与えてくれる。世界は息吹の内在性において、わたしたちが想像してきたものによりも近く、それでいてきわめて異なるものであることを、みずから明かしてみせる。それはわたしたちがまさしく植物のおかげで観想できるようになった、世界の未知なる素顔である。

III

根の理論——天体の生命

10 根

――スカルタリスの影が差し掛かる七月朔日までの間に、スナイフェルスヨークトルの噴火口を降りるがよい。勇気ある旅行者よ、君は地球の中心にたどり着くだろう。それは私が実証ずみだ。アルネ・サクヌッセム

ジュール・ヴェルヌ

それらは隠れていて、陸地という舞台でしのぎを削る大半の動物にとっては見えない存在だ。仕切られて洞窟のようになった世界に打ち込まれたそれらは、地上と天空とのあいだで繰り広げられる、かたちと出来事の狂喜乱舞についてわずかに知ることすらなく、その生涯を終える。それら、すなわち根は、植物の世界でも最も謎に満ちた形態だ。

その身体部分はこの上なく大きく、空中に出ている対の部分、つまり植物が日の光のもとにさらけ出している部分よりもはるかに複雑だ。一つの植物から出ている根のシステムは、全体の面積で四〇〇平方メートルに及ぶこともある。つまり空中に出ている体軀の面

積の一三〇倍である。[*1]

植物の歴史において、根は比較的遅くになって登場した。数百万年ものあいだ、植物は海でも地上でも、根をもたずに過ごしていた。[*2]〈最初に生命が繁り、それから根づいた〉のである。つまり植物の生命は、みずからを定義づけるため、あるいは存在するために、あるいは少なくとも生存するために、根というものを必要とはしていなかったと考えられるのである。根の起源は定かではなく、そのもともとの形状を描き出すのも容易ではない。化石による最初期の証拠は三億九〇〇〇万年前にさかのぼる。数千年存続する生命のすべての形状がそうであるように、その起源は秩序立った意識的な洗練というよりも、むしろ偶発的な、その場しのぎの工夫のように見える。すなわち根の初期形態は、葉をもたず水平に拡がる茎、または根茎が機能的に変容したものなのだ。[*3]

その形態、さらにその生理は実に多様だ。根の機能は時代とともに変化しており、一様に定めることはできない。菌根の場合がそうであるように、ときに根の機能は、植物との共生関係をもつようになった他の有機体が肩代わりしたりもする。

根は生物の多様性とは無縁に生きていると思われるかもしれない。しかしながら、植物が自己の周囲で起きていることを感じ取れるのはまさにその根のおかげである。すでにプラトンが、わたしたちの頭、つまり理性を、「根」に喩えていた。彼はこう記す。人間は「地面のではなく、天空の植物」であり、根を中空に向けた、ある種さかさまの植物なのだ、と。*4

けれども規準的なものとなった一文は、アリストテレスが『霊魂論』で記したものだった。「高い低いはすべての存在と宇宙にとって一律ではない。機能によって器官を区別し特定すべきだとするならば、動物において頭にあたる部分は、植物では根にあたる」。*5アヴェロエス［アリストテレスの注解で知られる一二世紀のイスラム哲学者］は「両者の作用は同一である」と注釈を付けている。*6頭と根とのアナロジーは人間と植物とのアナロジーを基礎づけ、後者のアナロジーは中世の哲学的・神学的伝統において大いにもてはやされて、近代にいたるまで続いた（フランシス・ベーコンも援用している）。コンシュのギヨーム［シャルトル学派に属する一二世紀のスコラ哲学者］は、自著の哲学論文で両者の対応関係を細かく挙げ、こう説明している。「木々は自分たちの頭である根を大地に埋め込み、そこから栄養を摂取する。逆に人間は、根と同様の頭を中空に露出している。なぜなら人間はおのれの霊性を糧として生きるからである」。*7

これが一八世紀の植物学者リンネ*8になると、アナロジーの方向性は逆転し、植物を逆さまの動物として語るようになる。けれども、〈動物にとっての頭は、植物にとっての根である〉という格言は、決してその効力を失うことはなかったようだ。ダーウィンもまた、植物の動的機能に関する著書の結論部分でこう記している。「こう述べてもさして誇張には当たらないだろう。根の先端には（中略）隣接する部分を導く力があり、下等動物の脳のごとくに作用する。というのもその器官は身体の前方部分に位置し、感覚器官からの印象を受け取り、様々な運動を導くからである」[*9]。

フランティシェク・バルシュカ、ステファノ・マンキューゾ、アンソニー・トレワバス[*10]といった現代の研究者たちは、そうした直観を、植物的知性という概念を中心に据えた研究によって拡張し、根というものが動物の脳にあたる部分に完全に合致することを証明しようとした。根と脳には同じ能力があるというのである。というのも、植物が自身の状態や、自分が浸っている環境の状態についての大半の情報を獲得するのは、根のシステムを通じてだからだ。さらに植物が隣接する他の個体と接触し、地中生活のリスクや問題を共同で管理するのも、やはり根を通じてだからである[*11]。こういってよければ、根は土壌と地中の世界を、霊的なコミュニケーションの空間としているのだ。そのときから大地の最も堅牢な部分は、根のおかげで巨大な惑星的頭脳と化すのである[*12]。そこを行き交うのは物質だが、周辺環境に住む有機体の特定や、それら有機体の状態についての情報もやり取りされる。
地中に潜る根の深みは、ときに永遠の夜として想像されることもあるが、あたかもそれは長い無音の眠りなどではまったくないかのようだ。広大な無音の地下の蒸留器の中では、夜とは器官をともなわない知覚、目も耳もなく、からだ全体でなされる知覚のことをいうのだろう。根があればこそ、知性というものは、太陽も動きもない世界に鉱物的なかたちで存在するのである。

日常的な言葉でも、あるいは文学やアートでも、根はしばしばより〈基本的〉で〈原初的〉なもの、執拗なまでに安定し堅牢なもの、必然的なものなどのいっさいを表すエンブレムないしアレゴリーとされる。根はなによりもまず植物の器官だが、生物がその歴史においてて創造し適応させてきた諸器官のうち、根以上に形式が両義的なものを見いだすのは難しい。個体の生存の上で必要不可欠だという点はほかの器官と変わらない。厳密に進化の観点からいえば、根は光合成の機能のように植物の産出物の起源をなしているわけではない。根がもたらしているのは〈ネットワーキング〉の利点であって、分離や区別の利点ではない。けれども、だからといってそれを二次的・装飾的な付属物だと考えるのも素朴にすぎるだろう。根は、こういうものだろうと考えられてきたのとは違っているが、植物が存在する上で最も際立った特徴の一つを表し、体現している。すなわち両義性、雑種性、二面的・二重の性質である。

まずそれは生態学的な雑種性を示している。根のおかげで、維管束植物類はあらゆる生命体で唯一、組成・構造・組織の面においても、また生息する生命の性質においても根本的に異なる二つの環境に、〈同時に〉暮らすことができるのである。すなわち地中と空中、土壌と天空である。

植物はその環境をかすめるだけでよしとはしない。まったく意外な形状で自身の身体を思い描き形成していくという同じ能力、同じ執拗さをもって、環境に自身をはめ込もうとするのだ。植物はコズミックな仲介役として、〈存在論的二面性〉[*13]をもった存在なのであり、次のことを示して〈環境同士、空間同士を結びつける〉のである。すなわち、生物と環境との関係は(ニッチ理論やユクスキュルの理論のように)〈排除〉として理解してはならず、常に包括的な関係として理解しなくてはならない、と。

生命とは常にコズミックなものなのであり、ニッチ的な事象ではない。〈単一の〉環境に隔絶されることなど決してなく、あらゆる環境に拡がっていくものなのだ。それは環境を〈世界〉に、コスモスに仕立て上げるが、その統一性は大気的なものとなる。

この生態学的な二重性は、対として力学的・構造的な二重性を伴っている。コスモスにおけるすべてのものがそうであるように、二つの環境は相互交流・相互浸透の関係にある。けれども両者は互いに並存しているだけでなく、鏡のように対になって構造化されている。あたかも植物は、二重の生命を同時に生きているかのようだ。一つは中空の生命だ。光に浸り浸され、あらゆる大きさの他の動植物と可視性の関係を結び、種別間の活発な相互作用に置かれる生命である。もう一つは冥界的な生命だ。鉱物的、潜伏的であり、〈存在論的に〉夜行性であり、地球上の岩石の地肌に刻まれ、そこに暮らすあらゆる形態の生命と共生を営む生命である。

それら二つの生命は、交互に営まれるのではないし、互いに排除し合うものでもない。それらは同じ個体の存在にほかならず、その個体は、地表と空、石と光、水と太陽を、自身の身体とその経験とにまとめ上げることのできた、またその全体において世界の像となるにいたった唯一無二の存在である。植物の身体においてすでに、すべてはすべての中にあるのだ。天空は地表のもとにあり、地表は天空に向かってせり上がり、空気は物体と延長［空間的広がり］とになる。延長とは大気の実験室にほかならない。

植物は生態学的にも構造的にも二重の存在だ。まずはその身体が〈解剖学的対〉になっている。根は隠されていて秘教的な、潜在する第二の身体のようだ。いわば解剖学的な反・身体、反・物質であり、もう一つの身体がなすことを鏡のように一対一で反転させ、地表でのあらゆる努力が向かう先とちょうど正反対の方向へと植物を押しやるのだ。想像してみてほしい。あなたの身体のそれぞれの運動に、逆方向に向かう別の運動があったとしたらどうだろう。あなたの腕、口、目に、それぞれ正反対の対応物があり、あなたの世界の組成を定める物質の、まさに鏡のごとく正反対の物質の中に位置していたとしたらどうだろう。根をもつということがどういうことか、これであなたはたとえばんやりとでも思い浮かべることができるのではないだろうか。それこそまさしく、ユリウス・フォン・ザックスが植物の身体における異方性と呼んだものである。別のいい方なら、末端における反対方向への親和性だ。[*14]

あたかも植物の身体は二つに分かれているかのようである。そのそれぞれは、相互に根源的に対立する力と組成でもって構造化されているかのようだ。根とは、いわば地表の形態と幾何学とを細やかに脱構築する装置であり、まずはわたしたちの生命活動、動物の生命活動をすべて決定づけていると思われる力、すなわち重力を相手にする。[*15]

一九世紀の植物学者オーギュスタン・ピラミュ・ド・カンドールはこう記している。「この器官について次のように述べるなら、わたしたちはより正確な観念をもつだろう。つまり根は、誕生のときからなんらかのエネルギーを伴って地球の中心の方へと向かう植物の一部分なのだ。幾人かの自然主義者たちが「下降体」の名称で一般的に根を名指すとき、彼らが示唆するのは、根がもつそうした主要な性質なのである」[*16]。根は下降の本質をなしているというのだ。下方への道、生命の地質学的な潜行である。いわば人間の姿をしていないオットー・リンデンブロックやアルネ・サクヌッセム〔ヴェルヌ『地底旅行』の登場人物たち〕であるかのように、根という存在は地底への永遠の旅、地球の中心と一体になろうとする試みにほかならない、というわけだ。一九世紀初頭、植物学者のトーマス・アンドリュー・ナイトはすでにこう述べている。「次のことは、この上なく不注意な者も含め、いかなる観察者をも逃れることはできない。つまり、どのような位置に置かれようとも、種子は根を産み出すべく、地球の中心に向かって下降していこうと不断の努力をするのである。一方の芽は、ちょうどその正反対の方向を目指す」[*17]。

ユリウス・フォン・ザックス[*18]の研究を受け継いだチャールズ・ダーウィンは、息子のフランシスとともに、そうした力の源を根の先端に位置づけた。「重みの作用を受ける機能は先端に見いだされる。(中略)同じ植物の様々な部分、また各種の植物は、それぞれかなり異なったかたちで、また様々な程度で、重力の影響を被っている。いくつかの器官、いくつかの植物においては、そうした作用の痕跡はほとんど見られない。（中略）多くの苗の幼根、おそらくはそのすべてに関して、重力への感応性は先端に位置している。それは受け取った作用をすぐ上の部分へと伝え、地球の中心へと曲がっていくよう決定づける」[*19]。

地中へのこうした指向性に、単純な重力の作用のみを見て取るのは間違いだろう。根は、地表のあらゆる物体がただそうしているように、重力を知覚し受動的にその影響を被り続けているだけではない。もちろん重力は「植物に影響する環境的な諸力のうちで、最も恒常的かつ永劫的な力」[*20]である。けれどもそのような重力への反応は、他の身体、つまり動物の身体が示すものと同じではない。植物にとっての重力は単なる重みの作用ではなく、異質な誘引力、地球の中心へと向けた成長力なのだ。ダーウィンはそのことを次のように指摘していた。「重力屈性は（中略）幼根が下に向かうよう湾曲を定める。だがそうした力はさほど大きいとはいえず、地中を掘るにはまったく不十分である。その掘削がなされるのは、とがった先端（冠状根で保護されている）が、縦方向の膨張圧力もしくは厳密な末端部分の成長によって下方に押しやられるからである。末端部分はさらに、横方向の成長によっても助けられ、それら二つの力の累積作用が大きな力をもたらす」[*21]。あたかも根は、それを下に押しやる重力のわずかな力を倍増させているかのようだ。あるいは植物がその全体において、あらゆる手段を用い、茎が上方に伸びるために用いる力と同じ強さでもって、下降に抗う力に打ち勝とうとしているかのようだ。

人は根に、ニーチェ的な〈運命愛〉計画の、最も完全な実現形を見いだしたい誘惑に駆られるかもしれない。「兄弟たちよ、あなたたちに懇願する。大地に忠実でいてほしい。大地の向こうに希望を語る輩を信じないでほしい[*22]」。

根は、幹という上部の身体を基礎づける単なる基盤ではない。それは上方へ、つまり植物を活気づける太陽のほうへと押し上げる力の、同時反転でもある。そうして根は「土の方向」を向くのだ。あらゆる植物に内在する土壌への愛である。すでに偽アリストテレスの『植物論』において、大地とのつながりは植物の本性における基本要素の一つと見なされていた。「植物は、地と一体であるかのように〈地を這う〉」と同書には記されている。だからこそ「植物に眠りは必要ない[*23]」と。

ただしそのことは真理の一端でしかなく、根が植物全体にもたらすものを見過ごしてしまうことにもなりかねない。つまり、そのハイブリッドで二面的な性格である。根は、対となる身体の片側でしかない。土との関係は、あらゆる植物の二つの生命活動の片方でしかない。そして根は、もう片方の生命活動との関係においてしか理解しえない。重力屈性は飛躍の方向性の一方でしかなく、土への忠実さ以外に目的をもたないものだ。それは植物的生命の本質そのものを定義づける太陽中心主義の作用、そしてその結果だといえる。大地の鉱物へと入り込んでいかなくてはならないのは、あらゆる部分において形態と運動を決定づける火との、よりよい関係を結ぶためなのだろう。

11 最も深いところにあるもの、それは天体である

わたしたちはなかなか植物の環境を想像できない。そこにはおいそれと光が当てられない。植物の世界では、上位の世界の音や雑音は無音の連続した震動となる。上の世界、つまりよそで生じることのほとんどは、地中では地震や身震いとして存在し、またそう受け止められる。上の世界からやってくるすべての液体と同じく、水もまた濾過されて、その場のすべてと同様に、中心に向かって降りていこうとする。すべてはすべてと接し、物質や液体がゆるやかに循環する。だからこそ、あらゆるものは自身の身体の限界を超えて生きることができる。すべてが「呼吸」するが、そのやり方は中空の世界とは異なっている。

そもそもそうした身体の呼吸は、肺を通じてなされる必要がない。諸器官を経る必要もない。なぜならその身体はまるごと呼吸によって定義され、身体のすべてが物質の循環に開かれたポートであるからだ。自己の内部でも外部でも同様である。有機体とは世界と混

合する新しいありよう、また内部での世界との混合を可能にするやり方の発明にほかならない。地中の世界で呼吸するとは、四方に拡がる身体をもつこと、石によって阻まれている通路に道を切り開くことができ、突起や腕を多数伸ばし、可能な限り多くの土を包摂し、中空における葉のように土に身を晒すことのできる身体をもつことなのだ。

根がコズミックな混合を働きかける器官であるというのは、なにも根というものが、土壌学的な生物圏、つまり根が息づく地下世界の諸要素を、あるいは他の植物有機体同士を相互交流させるからだけではない。根の機能は逆に、宇宙的な次元のものでもある。根にとっての呼吸は、根が密着するコロイド状の物質や、そこに生息する動物相だけを相手にすることではない。そこには大地と太陽の関係も含意されている。二〇世紀有数の植物学者はこう記している。「植物は太陽と動物世界の仲介役を担っている。植物、あるいはむしろその最も典型的な器官である葉緑体は、有機体の世界全体の活動、すなわちわたしたちが生命と呼ぶものと、わたしたちの太陽系のエネルギーの中心とを繋ぐ役割を果たしているのだ。まさにそれが、植物のコズミックな機能なのである」*1。

根があるからこそ、植物はそうしたコズミックな仲介において、〈惑星的次元〉として地球を巻き込むことができるのである。地球は物理的にはただ太陽の周りを回っているだけだ。けれども、植物に〈おいて〉、また植物の〈おかげで〉、その結びつきから生命が、つまり常に未知の形態で存在する物質が産出されるのである。こういってよければ植物は、太陽の周りを周回する惑星の回転運動が形而上学的に変貌したもの、純粋に機械的な現象が形而上学的出来事へと変化する臨界領域なのだ。

さらに、植物は太陽を地上に住まわせているといってもよい。太陽の息吹、すなわちそのエネルギー、光、光線を、惑星を住処とする物体そのものに変え、地上のすべての有機体の生きた肉体を太陽の物質とするのである。植物があればこそ、太陽は地球の地肌、地球の最も外側の層になるのだし、また地球は太陽によって育まれる天体、太陽の光で構築された天体になる。植物は光を有機的物質へと変化させ、生命をもっぱら太陽的な事象へと仕立てあげるのだ。

ユリウス・フォン・マイヤー［ドイツの物理学者］は、一九世紀半ばにこう記している。「地球を呑み込む飛行中の光を捕らえ、それを個体のかたちに固定したのち、諸力のうちで最も可動性の高いものとして維持することを、自然はみずからの務めとした。その目的を達成するため自然は、地表を有機体で覆った。太陽光をみずからのうちに取り込み、その力を利用して各種の化合物を産み出し、継続的に集積する有機体である。その有機体とはすなわち植物のことだ。植物の世界は一つの貯蔵施設をなし、そこでは移ろいやすい太陽光線が巧みに固定され、あらゆる利用に備えられている」[*2]。

ある意味、植物が原因となって、地動説＝太陽中心説は衒学的・思弁的な問題から、生命にまつわる問いへと変貌するのである。植物があるからこそ生命は、とりわけ太陽を中心とするような形態を取り、それ以外ではなくなっている。臆見か真理かといった問題ではない。あらゆる生物は、太陽を中心とする構成の結果であるとともに、それを表すものでしかないということなのだ。その根拠はというと、地球上ではすべてが太陽の恩恵によって存在している事実にある。根は太陽に、そして生命に、惑星の髄の部分にまで入り込むことを許容し、太陽の影響を最も深い層にまで行き渡らせ、恒星の変容した身体を地球の中心にまで至らしめた。その変容した身体から、わたしたちは産み出されたのだ。

「かつて神の冒瀆こそが最も大きな冒瀆だった時代があった。だが神は死に、それとともにすべての不敬も死した。今や最も恐るべきことは、地球を冒瀆し、地球が意味することよりも上位に、踏破不可能なものの臓腑を掲げることである」［ニーチェ］*3。これ以上的確に現代世界を定義づける新たな信仰心を要約した言葉は、そうたやすくは見つからないだろう。惑星的次元や環境的次元をも含めた地球へのこだわりは、〈ディープ・エコロジー〉の理論と実践の大半を基礎づけている。そればかりではない。そうしたこだわりは、この数十年で姿を現してきた新たなグローバル政策を活気づける基本精神でもある。地球は〈唯一無二〉の最上位の審級であり、その名のもとに〈普遍的〉判決を下すことが再度可能になるようなもの、とされるのだ。普遍的とはこの場合、特定の国や民に関係するのではなく、現在と未来のいずれをも含む、人類全体に関わるという意味である。

ニーチェが引き合いに出している大地への忠誠心もそうだが、この信仰は想像できるよりもはるかに古くからある。こういってよければ、それは地中海の古代信仰における人格神を、プラネット・アースに置き換えたものだ。だがそれはまた、文字通り、より明白・明瞭で光に溢れた存在、つまり太陽の存在を忘れ去ることでもあった。地動説＝太陽中心主義は太古の昔から、自然科学の「自己意識」を規定するものだった。けれどもそれは底流をなす共通意識を誇示するにはほど遠いものでもあった。

数多くの称賛や無数の転向宣言にもかかわらず、哲学、そしてわたしたちの常識は、地球中心主義への信仰を一度も離れたことがない。わたしたちは一度も、太陽中心主義を真に奉じてはいないのだ。地球中心主義こそが、西欧の知の最も深いところにある核心部分なのである。[*4] ルネサンス以来占星術が排斥されてきたことがその証拠だ。近代というものは、こういってよければ地球からの訴えかけ、そして天体の忘却のことでもあった。その際、地球はわたしたちの存在と認識を決定づける地平として、いっそう深く確信されることになった。〈世界に在る〉とはまずもって地上に在ること、つまり現に在るすべて、これから生じるすべてを、わたしたちに住処を提供するとされる惑星に固有の形式や形象をもとに推し量ることだ、とされたのである。

さらに地球は〈最終的な〉計量空間であるとされてきた。場所や空間の科学はジオメトリーと呼ばれるが、それはつまり地表の計量ということだ。地球こそが、あらゆるものがかたちを露わにすべき究極の場所だというのである。この惑星上に見られる諸要素のかたちを取るものだけが存在できるのだ、と。

このジオメトリーへの強迫観念は、フッサールの現象学において明確化した。コペルニクスの結論を転覆させようとした有名な断章で、フッサールはいかに地球が経験の対象になっておらず、またなりえないかを示している。なぜかというと、大地は経験にとっての基本的な構造だからだ。あらゆる物体は「まず、「地面としての大地」に相関するあらゆる「地面としての物体」の、特定の地面に対して位置づけられる」[*5]のである。物体である以前に、大地は次のような事実そのものだとされるのだ。つまりそこには地面という基礎があり、それをもとにするからこそ、人は世界を、物体を、運動を、そして休止を表象することが〈可能になる〉、と。「大地そのものは、本来の表象形式においては動きもしないし休止状態にもない、まずは大地との関係において、運動や休止は意味をもつのである」[*6]。また西欧の地球中心主義は、根の世界への不可思議な郷愁に関係しているようにも思われる。地球は天体ではなく、天体ではありえず、まずは土壌でなくてはならないとされるのだ。「わたしたちすべてにとって、大地とは地面であり、十全な意味での物体ではない」[*7]。他方、地球を〈地面〉と、あるいは〈根〉、〈起源〉、〈普遍的基盤〉と捉える可能性がある〈がゆえに〉、人類の統一性を主張することもできるようになる。あらゆる経験の対象は、「大地としての地球という箱舟、「地球という球体」に、そしてわたしたち地上の人間に、関係づけられる以外にない。こうして客観性は、普遍的人類に関連づけられるのである」[*8]。「大地はすべてのものにとって同じ大地である。地上、地中、地の上空では、同じ物体、具体的な姿をした同じ主体、身体をもつ主体が、「地上」「地中」「地の上空」に君臨する。そうした主体はいずれも、意味づけが変わった物体にほかならない」[*9]。だからこそ、「わたしたち人間、そして動物の全体は、この意味で地球的存在なのだ」。すなわち「そこには一つの人類と一つの地球しか存在しない。地球にこそ、現に分離されている、あるいは常に分離されてきた、あらゆる断片的なものが属している」[*10]というのである。

わたしたちは依然として、誤って〈根源的〉とされたモデルを通じて自分自身を理解し、また誤った根のイメージ（なぜなら、他から隔絶したものというイメージだからだ）をもとに生物とその文化を考察している。あたかも、根を理性として捉えることを余儀なくされたわたしたちは、理性そのものと思考とを絶対的な根づきの力に、あるいは大地とのコズミックな繋がりを構築する能力に変えてみせたかのようだ。

この意味では、従来型の根のシステムのモデルをリゾームのモデルに置き換えたところで、真のパラダイム・シフトにはならない。つまり思考は、わたしたちが地球を、地球だけを〈大地〉として捉え、「土は特異な元素であり、他のすべての元素を集めては一括りにし、一方でいずれかの元素を用いてはその領土を脱領土化していく」[*11]と断言することを許すようなものであり続けている。

大地への忠実さ、わたしたちの文化の究極的な屈地性、「根源性」への意志と偏愛は、巨大な代償を伴っている。つまりそれは、みずからを夜に捧げ、太陽のない思考を選択することを意味するのだ。哲学は何世紀も前から、暗闇への道を選んできたように思われるのである。

地球中心主義は、いわば偽りの内在性という罠だ。つまり、自律した大地などというものはないのである。大地は太陽から切り離せない。土に向かい、その内部に突き進んでいくとは、逆説的にひたすら太陽に向かって上昇することを意味するのだ。この二重の屈性は、わたしたちの世界そのものの息吹、その原初の力学なのである。この同じ屈性こそが、植物の生命と天体の存在を活気づけ構造化している。内的に太陽に結びついていない大地などありえないし、大地の表層・深層での生命活動を現に可能にしていない太陽もありえない。

近代とポストモダンの哲学における月と夜のリアリズムに対して、新たな太陽中心主義、より的確には占星術の極限化を対置しなくてはならないだろう。それはなにも、天体がわたしたちに影響を与え、わたしたちの生活を支配すると主張することではない。少なくともそれだけではない。わたしたちの側もまた、天体に影響を及ぼすということを付け加えて、そのことを受け容れるということだ。なぜなら地球そのものも、多々ある天体の一つでしかなく、地球上に暮らすもの（さらにその内部に暮らすもの）はすべて、〈天体的な〉本性をもつからである。いたるところに天空があるだけなのであり、大地はその一部分、部分的な一つの凝集状態にすぎないのだ。

「すべての中心には太陽がある。一体何が太陽を別の場所、一度にすべてを照らしうるよりよい場所に置くことができるというのか。加えて太陽は、光、世界精神、世界の支配者と称されてきた。ヘルメス・トリスメギストス〔錬金術の祖とされる伝説上の人物〕は不可視の神と呼び、ソフォクレス〔古代ギリシアの悲劇作家〕はすべてを見る光と呼んだ。玉座に座っているかのように、太陽はその周りを回る星の一族を支配する。（中略）地球は毎年の作物の実りを通じ、太陽によって肥沃になり、また受胎を繰り返していく。そうした秩序のもとでわたしたちは、変わることのない天体の運動と壮麗さの、驚くべきシンメトリーや不変の調和の結びつきを見いだすのである*12」。

コペルニクスはこうした言葉でもって、わたしたちがどのように世界との関係を結ぶのかを転回させようと試みた。コペルニクスにとっての問題は、単に太陽の中心性を主張するにとどまらなかった。太陽を〈あらゆるものの中心〉に据えることは、複数の認識論的・形而上学的な移し替えを達成することにほかならない。

宇宙の中心に太陽があると仮定することは、まずもって〈運動を宇宙化する〉ことを意味する。地球が存在するには、太陽の周りを回る必要がある。地球をめぐるあらゆる現実は、その光とエネルギーの無限の源から理解されなくてはならないし、観察されなくてはならない。わたしたちの世界の核は、永遠に安定し固定された点ではない。それは継続的にエネルギーの沸騰状態にあることを本性とし、わたしたちが運動を通じてしかアクセスできない何かなのである。

その運動もまた太陽そのものに原因がある。すべてはこの源泉のおかげで存在するのだ。逆にいえば、わたしたちの身体、岩、石、動物は天空の最果ての点にすぎない。わたしたちの世界の中心にある太陽は、いわばコズミックな入り江であり、そこから産み出され発せられるものに対して、わたしたちの身体はセンサーであると同時にアーカイブ、そして鏡でもある。

食することはすでにして、その行動をもって太陽とそのエネルギーの中心性を認識すること、地上において太陽との間接的な関係性を探ることにほかならない。有機化合物は〈すべて〉、直接的・間接的に、太陽エネルギーの影響力の結果だ。太陽エネルギーは植物によって捉えられ、大量の有機体へ、つまり生きた物質へと変換される。植物であれば活用できるそのエネルギーを、わたしたちは直接吸収できないが、ものを食べるたびに、その無能力を補っているのである。わたしたちの身体とは、太陽が地球に贈ってくれるもののアーカイブにほかならない。

また、地球が太陽の周りを回っていることを肯定するとは、人間的な地上の空間と非・人間的な天空の空間との存在論的な分離を否定し、そうすることで〈天空〉の観念そのものを変容させてしまうことを意味する。天空はもはや地表を覆う偶然的な大気ではなくなり、宇宙の唯一の物質、存在するすべてのものの本性と化す。

天空とは上空にあるもののことではない。それはいたるところにある。天空は混合と運動の空間・現実であり、あらゆるものが描き出されるおおもとの決定的地平だ。あらゆる場所に天空だけがあり、わたしたちの惑星とそこに息づくものも含めたいっさいは、この無限で普遍的な天空という質料の、凝縮された一部分にすぎない。生ずるすべてのことは天空の出来事なのであり、なされるいっさいのことは神的な事象なのだ。神はもはや他所にいるのではない。それは形相と偶然からなる現実とともにある。

植物は大地にしっかりと根を下ろしながら、生命を永遠に天空に仕えるもの、天空で生ずることに仕えるものとしてしつらえたのだ。それはつまり、植物のおかげで、生命は純粋に〈化学的な〉事象ではなくなり、とりわけ〈天体学的＝占星術的〉事象にもなった、ということだ。

地球と、宇宙の他の部分との〈物質的〉連続性を認めるということは、地球についての観念そのものを変えるということでもある。地球は天体だが、地球においてはすべてが天空だ。[*13] 人間世界も、非・人間的な宇宙における例外ではない。わたしたちの存在、身振り、文化、言語、外見など、わたしたちはどこを取ってみても〈天空的〉である。地球の天体としての性質を認識するとは、アストロロジー、つまり天体（アストル）学を、局所的な学知にとどまらない〈全体的・普遍的な学〉とし、よりよく反転させることを意味する。もはや天体がわたしたちを支配している・管理していると理解することが問題なのではない。天空を流体と影響力の空間として理解することが重要なのだ。生物学、地質学、神学は天体学の一部門でしかなくなるが、それればかりではない。天体学は加えて、偶然性、不測の事態、不規則な出来事の学ともなるだろう。天空は同一的なものが回帰する場所ではない。

天体学的な普遍主義にはこのように、絶対的内在性の観念そのものを破壊すること、あるいは任意の事物を無限のうねりとして捉えることなどが含意されるだろう。そのうねりにおいては、すべての物体、すべての存在はもはや、いずれかの任意の場所に定着させておくわけにはいかず、そのような任意の場所にはもはや〈地面〉、安定した基盤、〈地表〉などというものは存在しなくなるだろう。わたしたちの存在にとって究極の源となるのは、天空なのである。大地とその空間的広がりは、わたしたちの存在の基盤や普遍的な層ではなく、極限的な表層、あるいは現代世界を覆う、実体性に乏しい究極の遮蔽幕にすぎなくなるだろう。深みにあるもの、それはすなわち天体なのだ。大地と天空は、わたしたちの皮膚の無限の延長となる。

伝統的な地表の観念をこのように破壊することによって、通常のエコロジーの地平をも超越することができる。エコロジーはその起源からして、環境を常に、ひたすら生息域として、住まわせ受け容れる地表として考察してきた。生息可能域の概念を普遍化したものとして、世界を見てきたのだ。巨大な空間である天空の宇宙を、生息可能な土地へと縮小してきたのである。

地面として、あるいは受け容れ空間、生息可能性として世界を理解するなら、生物の共生を〈秩序立てられ標準化された〉全体として考えることもできるわけだが、一方で、大地が天体的な空間であり、天空の凝縮した一部分にすぎないと認識・意識するなら、「生息不可能な場所」が存在すること、空間は決して決定的なかたちで生息できる場所にはならないことが認められるだろう。*14 空間は横断できるし、貫通できる。人は世界と混合しもする。けれども、そのような空間に定住することは決してできない。あらゆる居場所は、生息不可能になる傾向、家ではなく〈天空〉と化していく傾向にある。日常的な言語では居住の最も完成した事例として見なされる根だが、それが証しているのはまさにそういうことだ。根とは大地を天空へと結合する装置の末端部分、中心にいたるまで大地を天体に変えてしまえる巧妙な策略にほかならない。

大地を天体とすること。それは大地がわたしたちの居住地を表すという事実を、再び偶発的な事象と見なすことにほかならない。多々ある天体の大半と同様、地球というその天体も定義上は居住可能ではない。コスモスはそれ自体として居住可能なものではないのだ。それは〈オイコス〉ではない。あくまで〈ウラノス〉にほかならない。エコロジーとはウラノロジーの拒絶でしかない。

Ⅳ

花の理論——理性のかたち

12　花

地表にとどまり、中空や地面によりよく浸透していく。偶然の一点にみずからをつなぎ止め、その上で、形状や性質で分け隔てすることなく、周辺世界にあるすべての事物に身を晒し開いていく。世界を自身の内部によりよく流れ込ませるために、決して移動しない。世界が自己のうちへと注ぎ入れられ、滑り込み、入り込めるように、飽くことなくひたすら運河を作ったり穴を穿ったりする。

無茎の花にとって他者との出会いは、その他者がどのようなものであれ、単なる期待と偶然の問題では決してありえないだろう。いかなる運動、いかなる行動、いかなる選択も不可能な場所で、誰かに、あるいは何かに出会うことは、自己の変容を通じてのみ可能となる。運動を伴わない存在は、自己の内部においてのみ世界と出会うことができる。そこには地理もなければ、互いの身体を受け容れ出会いを可能にするような中間的な空間もない。すべての無茎の存在は、自分自身を世界にとっての世界にし、自身のうちに、世界そのもののための環境という逆説的な場を構築しなくてはならない。

また世界の側も、無茎の存在を前にして、目で掠めたり精査したりできるような、輪郭で区別された多数の実体として自身を知らしめたりはしない。世界は単一の実体にすぎず、ただ強度や密度が可変であるだけなのだ。区別するとは、事物の本質をなすこの連続した流れを濾過し、蒸溜し、一つの像に切り詰めることを意味する。だが、世界をその深みにおいて〈知覚する〉のならば、世界によって触れられ浸透され、変化・変容を被るところにまでいたる以外にない。無茎の存在にとって世界を知るとは、世界に固有のかたちの多様性に合致することにほかならない。その変容は外部から誘発される。

それはまさしく「性」と呼ばれるものである。感受性の究極のかたちであり、他者によってわたしたちの存在様式が変わり、わたしたちが先に進むこと・変わること・〈他者に転じること〉を余儀なくされるまさにその瞬間、他者の理解を可能ならしめるものだ。

花とは、植物に、あるいはより厳密にいうならその最も進化した部位、つまり被子に、世界の吸収とその捕捉というこのプロセスを完遂させる付属物だといえるだろう。それは〈コズミック・アトラクタ［宇宙的な誘引剤］〉であり、一時的で安定していない身体である。その身体こそが、植物における世界の知覚、つまり世界の吸収を可能にするとともに、最も価値ある形状を選別し、それを通じて自分自身に変更を加え、自分の元の形状だけでは達成しえない実在の延長をも可能にする。[*1]

花はまずもって〈アトラクタ［誘引剤］〉である。世界に出向いていく代わりに、花は自分のほうへと世界を引き寄せる。花のおかげで、植物の生命は見たこともないような色やかたちが激発する場となり、見かけの領域を席巻するのである。

花において、性、かたち、外見は混合する。かたちや外見は、表現やアイデンティティーに関わるあらゆる論理から自由になる。それらは個体の真理を表さなくてもよいし、本性を定義づけなくてもよい。また本質を伝えなくてもよい。「植物の構造的な様式には、何か純粋に表現的なものがある。（また）それは利便性とはいかなる関係もない」[*2]。かたちや外見は意味や内容を伝える必要はなく、異なる存在同士、つまり数の上で異なる存在（同じ種のオスとメスなど）だけでなく、種、生息域、存在領域において異なる存在（植物と昆虫、犬、人間など）を、ただ交流させればそれでよいのだ。花においては、かたちは結合の実験場、種々雑多なものが混合する空間なのだといえる。

数ある自己増殖の様式のうち、有性生殖は、個体の分裂と増殖のプロセスを、集団によるかたちの創出・変異のプロセスへと転じさせる様式である。花の場合、生殖は個体や種の自己顕示の手段ではなくなり、いわば凝縮と混合の生態学となる。そこでは個体が世界に〈なり〉、世界全体が新たな個体を産み出すからだ。同じ種の個体同士の関係は、他の生息域の他の個体との関係を介さなくてはならない。

生殖行為には私的なもの、隠されたものなどない（顕花植物の概念において表現されているのは、まさにそのことである）。だがそればかりではない。生殖行為を完遂するには世界を介さなくてはならないのだ。性とは最もありふれていながら、最もコズミックなものなのである。他者との出会いは常に必然的に、かたちや状態、実体の多様性において世界と結合することを意味する。類・種・生息域のいずれにおいても、アイデンティティのうちに閉じこもることなど不可能だ。しかも性とは、アイデンティティーの弛緩という原初の営為だといえる。

この意味において、花は生物学的・生態学的に顕現し、また重要でもあり、だからこそ、植物のコズミックな機能を単なるエネルギー生産に、もしくは大量のエネルギー変換の問題に限定しようとする議論は、すべて無効とされるのである。花がたどる進化の道のりは、他のいっさいの形状・変種に対して優位に置かれるものの選択にほかならない。[*3]「コスモロジー」は常に「コスメティック」なのであり、それはかたちの多様性を通じてしか成立しえない。[*4] エネルギーの均衡や流れだけではコスモスは成立しないのだ。混合において性はおそらく、生物にとっての最も普遍的な形式なのだろう。だがそれは、常にかたちの増殖と変化の力なのであり、縮小のためのメカニズムではない。

花は混合の能動的な道具だ。他の個体とのあらゆる出会い、あらゆる結合は、花によって行われる。だが花は、厳密にいって器官ではない。それは生殖を可能にするために変化した数々の器官の寄せ集めにすぎない。そこには一時的で不安定な形成体という側面もあれば、厳密に「有機的」な領域を超越した側面もあり、両者のあいだには深い結びつきが見られる。個体や種の新たなアイデンティティーを練り上げ、作り上げ、産み出す空間として、花は個々の組織体の論理を転覆させる装置でもあるだろう。すなわち花は、個体と種が自身を変容や変化の可能性に、あるいは死の可能性に開く、究極の分水嶺なのだ。

花の内部では、有機体の全体と種の全体が、減数分裂による染色体半減のプロセスを通じて解体と再構築を同時に繰り返している。花はその意味において全体性の外にある場、一つの個のための全体を越えた場をなしている。そのことは花の数でも表されている。高等動物が安定した単一の生殖器官をもっているとするなら、植物のほうは、生殖用の付属物を〈数え切れないほど大量に〉構築し、すぐさま処分してしまう。この過剰はまた別の過剰、受粉させるもの（生物もしくは無生物の）の大軍という別の過剰をもたらすが、その過剰ぶりだけを見ても、植物の性を単なる自己複製の戦略に矮小化するのはむずかしいと思われる。

さらにまた別の要素もあり、植物の生殖の主要な手段に、端的な主体の発出を見ることもできない。ストア派は、生物は皆生まれてすぐに自分自身を知覚すると想像した。また、その知覚をもとに自己を獲得し、自己に慣れ親しむのだろうと考えた。彼らはこの自己の獲得と親和のプロセスを〈オイケイオーシス〉と呼んだ。〈生物の内奥に潜む、特有の変成作用〉である。ヒエロクレス［二世紀のストア派の哲学者］はこう記している。「動物は生まれるやいなや自己を知覚するのだということを、人は知るべきである」*5。また「ひとたび自己の最初の知覚を得ると、その動物はすぐに自分自身とその構造に慣れ親しむ」*6。

だが、花はかなり頻繁にその逆のメカニズムを示している。すなわち自己の放棄、自分自身にとって見知らぬ存在への変成である。受精のために生じるのはまさにそうした事態だ。雌雄同体の花の大半は、自家受精を避けるための自己免疫システムを発達させている。世界によりよく自分自身を開くための、自己そのものに対する防衛である*7。

花を単なる器官と考えられないのは、おもにそれが将来の有機体を産出する場、したがって身体を構成する諸器官の全体を産出する場であるからだ。生物は〈有機的〉存在だと気分が悪くなるほど繰り返し述べられているが、あらゆる有機体はメタ有機体的な地平、おのれを構成するすべての器官の構築を可能にする地平という性質をも合わせもつことは、しばしば忘れられがちだ。

花（と種子）は、この観点からすると諸器官の器官であるといえるだろう。花こそが、有機体の構築が構想され実現される生来の現場だからだ。だが理由はそれだけではない。そうした構想と実現をなすために、花は有機体の現在のアイデンティティーを単なるコードに、あるいは切り詰められ手直しされて半分にまで縮められる染色体という下絵に、さらには、ほかの個体を産出するために必要な技術的・物質的な手続きをすべて含んだ能動的な像に、還元しなくてはならないからでもある。花はそれ自身として、生命と技術、物質とイマジネーション、精神と空間的広がりが合致することの、完全な表現なのだ。

13 理性とは性のことである

植物は何世紀にもわたり、一種の超越的想像力によって物質が活性化する場と見なされてきた。心理現象という触知できない現実をしつらえることのできる、個別的な機能を越えて、そこでは世界を構成する物質を直接作り上げる柔軟な力が問われてきた。「植物的魂」とは想像力を欠いた生命などではなく、むしろ想像力が有機体の身体全体に影響を及ぼし、身体にかたちを与えるところにまでいたる生命、さらには完遂のために器官や主体を必要としない空想力、あるいは無意識の夢を素材とするような生命なのだろう。

あらゆる植物は、物質と空想、想像力と自己発展が対立しないようなコズミックな水準を考案し、開いているように思われる。身体と認識、イメージと物質とが絶対的に合致する領域。そうした考え方は、生物学においては決して異質なものではなかった。実際、遺伝子という概念はそうした考え方を近代的に定式化したものにほかならない。[*1]

その考え方自体は、ルネサンス期の哲学や医学に幅広く浸透していた。その最も急進的なものは、次のような研究に着想を与えてきた。ウィリアム・ハーヴェイ［一七世紀イングランドの解剖学者］の発生学研究、ヤン・マレク・マルチ・ド・クロンランド[*2]［一七世紀ボヘミアの医師］やペーデル・ソレンセン[*3]［一六世紀デンマークの自然学者］の〈種子〉に関する考察、フランシス・グリッソン［一七世紀イングランドの自然学者］の自然的知覚[*4]に関する研究などである。

比較的わかりやすいアナロジーの助けを借りて表現するなら、そこでは生物の発生プロセス（子宮で生じる生命の形成）を、脳が作用する仕方（脳における概念形成）と完全に同形であると考えている。世界を構成する物質は、植物のもとで（あるいはすべての生物の植物的生命のもとで）一つの脳となり、そこで脳のように作用するというのだ。[*5]別のいい方をするなら、神経的でない物質的な脳というもの、あるがままの有機的物質に宿る精神というものがありうるということだ。生命活動によって有機的物質は精神になる。あるいは生き始めるのである。

そうした「頭脳的性質」の基本形を最もよく表わしているのが種子である。種子が及ぼすことのできる作用は、次のように仮定して初めて説明できる。つまり、そこに一つの知の形態、あるいはなんらかの認識、行動のためのプログラム、意識的な仕方では存在しないものの、すべてのことを種子が誤ることなく完遂できるようにする〈パターン〉が備わっているのだ、と。[*6]

人間や動物における認識が偶然的・一時的な事象であるとするなら、種子における（遺伝子コードにおけるといってもよいが）知は、本質、生命、潜在性、そして行動そのものと合致しているといってよいだろう。[*7]遺伝子は物質の頭脳、物質の精神なのだ。種子を脳と考えることができるとしたら、それは脳が種子のかたちをしているからにほかならない。

このアナロジカルな思弁の利点は、解剖学的ではない脳の定義にたどり着く可能性にある。つまり、脳というものは人間的な器官ではなく、修飾語がいっさい付かない単なる「器官」でもない。そうではなくて、脳とは、知や認識を保持する物質の輪郭にほかならないのだ。結局のところそれは、アリストテレス主義とは逆の方向に、知や思考などの観念の意味を拡げることになるだろう。知性を分離された器官の働きと見なさず、むしろ物質と合致させるのである。

この仮説を最も急進的なかたちで最初に定式化し、宇宙全体の生気を仮定するにいたったのは前出のフランシス・グリッソンだった。グリッソンによれば、物質そのものを、一種の自然な感受性（自然的知覚）、つまり本来的で、感覚や経験から切り離された、異質な感受性をもとに定義しなくてはならない。異質だというのは、それは誤ることがないからだ。その根源的な感受性とは、要するに実質的な生命の直接的営為のことにほかならない。したがって物質が感受するのは、生物そのもののかたちなのだ。この基本的な感受性の例をなすのが、小麦の種子のそれである。小麦の種子は、その種子をもとに成長していく植物のかたちを感受することができるのだ。*8

あたかも種子のおかげで、生物は自己認識を果たすかのようだ。この意味において、想像力は絶対的支配の空間を定義づけたりはしない。観想する対象そのものから気をそらすことなどできないのだ。自然的知覚は支配を伴わない感受性なのである。*9

わたしたちの知覚の対象となる有機体の形状は、選択や判断と無関係ではいられない。だが自然的知覚は対象を選ばないし、判断を下さない。種子に内在する知覚では、あらゆる形状はもはや美学や物質論の事象ではなく、地中の心理現象、無意識的・物質的な心理学を証すものなのだ。かたちがあるところには物質を構造化する精神がある。つまり物質は精神として存在し生きるのである。植物的生命は決して純粋に生物学的事象ではありえない。それは生物学と文化、物質と文化、ロゴスと空間的広がりとが区別されない場なのである。

ローレンツ・オーケン［一九世紀ドイツの博物学者］は、記念碑的な名著『自然哲学便覧』においてこう記している。「性的な関係性を越えて花を動物の器官に喩えたいと思うなら、最も重要な神経器官に喩える以外にないだろう。花は植物の頭脳、光に相当するものなのだが、ここでそれは性的な面にとどまってしまっている。だが、植物にとって生殖器官であるものは、動物にとっては頭脳であるということもできるし、頭脳とは動物の生殖器官であるということもできる[*10]」。

シェリングとゲーテの優れた弟子だったオーケンの見解は、逆説などではまったくない。（合）理性（ロゴス）は種子のかたちをしているというストア派古来のテーゼを、それは一般化・急進化したものにすぎないともいえるのだ。理性を種子として考えるならば、理性を人間的な輪郭から解放し、物質の〈宇宙的〉・〈自然的〉な加工能力（それは物理世界に存在するのであって人間の身体にあるのではなく、また事物の自然な流れに合致するものでもある）に変換できるようになる。理性とは、存在するすべてにかたちを与えるもののことなのだ。あらかじめ確立されたルールに則り、世界とその生成を〈内部から〉統治するものなのである。理性を花として考える、あるいは逆に花を理性の範列的な存在形態と考えるならば、花はかたちを変化させる宇宙的な能力である、との理解が得られるだろう。

すると思考は、もはや最終的な宿命を決定づけるようなアイデンティティーを現実に与える力ではなくなり、逆にコスモスのほかの部分と出会う場所、世界と入り交じり、その混合の影響をそのまま受けとめるような形而上学的空間、存在の最も深いところにあるアイデンティティーを変容させるような偏向の力となるだろう。

理性、すなわちコスモスに咲く花は、世界を多様化させる力なのだ。それは実在するものを決してそれ自身へ、数の上での一性へ、その歴史へ、系譜へと還元したりはしない。むしろそれは身体を複数化し、可能性を刷新し、過去をゼロに戻し、想像もつかない未来への空間を開いていく。花としての理性はさらに、多様な経験を唯一の自己に還元することもなければ、見方の違いを主体の一性に帰すこともない。それは主体を多様化・分化していき、経験を比類なきもの、同時発生しえないものにしていくのである。

(合) 理性はもはや同一性・不変性・同等性などの現実のことではない。それは力であり構造であり、あらゆる事物に、異なるものを介して類似物と混合させ、事物の外見を変化させるよう仕向ける。自分を構成する要素の様相を内部から描き直す処理を、世界に、また偶然的な出会いに委ねるのである。

〈理性とは花である〉。物質を彫琢する技術的な力が個体の能力になるには、なにも人間や高等動物を待つ必要などなかったのだ。植物こそがその力を飼い慣らし、生命とその発生のリズムに合わせて振動させていたのである。植物のおかげで、生命は自分自身を最上の理性の空間に仕上げたのだ。植物があればこそ、世界と生命とは余すところのない合致を見たのである。

〈理性とは花である〉。その等価性を、合理的なものはすべて性的であり、性的なものはすべて合理的であると表現してもよいだろう。合理性とはいわばかたちの問題だが、かたちは常に、振動や変化を生み出す動きの、あるいは混合の結果だ。

逆にいえば、性はもはや合理性のもとに位置する不健全な領域、あるいは情念がうずまくどんよりした場所ではない。それは世界との出会いの構造、そして出会いの全体である。性ゆえにこそあらゆる事物は他の事物と触れあうことができ、進化の過程を歩むことができ、みずからを再創造し、類似する身体のもとで他の個体へと変成を遂げることができるのだ。

性は純粋に生物学的な事象ではない。生命そのものの飛躍ではなく、全体における〈コスモスの運動〉なのだ。性とは生物の改良された生殖技術なのではなく、次のことの証しにほかならない。すなわち生命というものは、世界が自身の存在を延長し更新するプロセスにすぎない、ということだ。混合の定式を刷新し新たな定式を考案することによってのみ、世界は自身の存在を延長し更新できる。性においてこそ、生物は自分自身をコズミックな混合剤とすることができ、混合は様々な存在、様々なアイデンティティーの、刷新の手段となるのである。

〈理性とは花である〉。つまり理性は、きっちりと定義され安定したかたちをもつ器官ではありえないし、決してそうはならないだろう。理性とは諸器官の集合体、補助的な構造体であり、有機体全体と自己の論理とをせめぎ合わせるものだ。それは原則的に一時的な構造、シーズンごとの構造であり、その存在は気候や大気、それが置かれた世界に依存するだろう。それはリスクであり、工夫であり、実験なのである。

花とは合理性のパラダイムをなす形状である。「考える」とは常に外観の領域に力を注ぐことなのだが、そうするのは隠された内面を表現するためではないし、何かを語ったり述べたりするためでもない。そうではなく、異なる存在同士の交感を図るためなのだ。理性とはそうした宇宙的な誘引構造の多様性にほかならず、それによって様々な存在は世界を知覚し吸収することができ、また世界は、そこに息づくすべての有機体における全体として存在できるようになる。

V

エピローグ

14 思弁的独立栄養について

科学の世界ではしばらく前から、実にシビアなスローガンが支配的になっている。その不文律の金科玉条は、一つの、それもたった一つの適切とされる規律を、あらゆる知識対象について掲げるのである。また、逆にあらゆる教科には〈一定数〉の〈限定的〉な対象、その教科において認識すべき問題があると主張する。どの規律もそうであるように、このスローガンにも、〈道徳的〉である一方で認識論的ではない規律特有の本性、そしてなによりもそのような特有の目的が潜んでいる。すなわち、知への意志を制限し、過剰を罰し、しかも主体の外部からではなく内側から押さえつけようとするのである。

専門主義と称されるものは、〈自己鍛錬〉、つまり秘めやかで多くの場合忘れられ抑圧された、認識教育・感情教育を伴っている。そうした認識的な禁欲は自然なものではまったくない。逆にそれは長く辛い努力の不安定で不確かな成果、自己に対して行う精神修養の毒を含んだ果実、あるいは自分自身の好奇心が去勢され続ける事態だ。専門主義が定義づけているのは知の過剰ではなく、「別種の」知の意識的・意図的な放棄である。そこに表されているのは対象への並外れた好奇心ではなく、不安と恐れの感情から認識上のタブーを尊重することなのだ。人間の様々な知識を、〈存在論的〉・〈形式的〉に教科ごとに区別されたものと見なそうとする姿勢は、いわば認識論的な「食事戒律（カシュルート）」の現れだといえるだろう。「あなたが抱くのと同じ対象・同じ方法に属さないあらゆる知識は、不純なものと見なすべし」というわけだ。

そうしたタブーは決して新しいものではないし[*1]、とりたててモダンなものでもない。それは何世紀も前から課されていたし、大学の創設とともにすでにそうなっていた。つまり中世においてである。あるいはむしろ、それは大学機構の本質そのものを表しているだろう。多様な教科からなる包括的・百科事典的な教養（古代人がいうエンキュクロス・パイデイアだ）[*2]の理想とは裏腹に、大学というものは、自由学芸、すなわち古代から受け継がれ、それだけでは不十分と判断される自由の技法を、他の学知、とくに法学、医学、そしてなによりも神学で補う必要をいいつのるために誕生したのである。それらの学知は、もはや全体性を目標とはしておらず、調和の取れた統一的な構造をかたちづくってもいない。それらの学知はそれぞれの学科を、存在として異なり互いに相容れない歩みへと分割する。法学者は神学者にはなれないとされ、神学者には法学者になることが禁じられる。

長いあいだ、知識人に特徴的な覇権的身振りとは、自己のうちにこの上なく多様な学知を集め、当人の意識の働きにおいてそれらの統一性を推し量るという身振りにほかならなかった。知の主体、つまり〈コギト〉において〈わたし〉と称する主体は、常に教科の限界に勝り、どの教科かにかかわらず、見つめるまなざしでもってはるか先にまでいたることができた。ところが大学においては、知と思考の主体（〈コギト〉におけるわたし）は、その認識上の主体性、つまり知性の核心部分、または〈認識する機能〉を、教科もしくは対象の限界域に合致させるよう促されてしまう。

この認識論的な制限は、〈社会的〉もしくは社会学的な性質の制限に対応するものだ。大学の誕生は、新しい知の誕生に対応しているのでもなければ、新しい知識の組織化に対応しているのでもない。それは新たな〈学識者の組織化〉に対応しているのだ。

中世の大学をもってはじめて、知の産出と伝達は集団による成果となった。〈ウニヴェルシタス〉とは〈専門集団〉を指す技術用語なのである。さらにこれまたはじめて、専門集団は職業や政治目的、民族的出自に結びついた団体ではなくなり、一つの学知に結びついたものとなった。すなわち同じ知を中心として人々が集まったのだ。したがってそれは認識論的な集合体でもある。知るとは集団に属することを意味するようになったのだ。認識的行為はこうして、法的な結びつきと政治的な所属によって基礎づけられ、〈ビオス・テオレティコス（観想的生）〉という理想はすぐさま、また必ずや、〈仲間うち〉によって共有されなくてはならなくなった。

こうして異なる認識対象同士の関係は、異質な学識者集団同士の法的・社会的関係から決定されることになった。また教科の認識的限界は、集団の自己意識の限界と重なるようになった。教科の認識論的な同一性・現実性・統一性・自律性は、その教科を支配する学識者の〈コレギウム［集団］〉の区分・統一性・権限の副次的な作用にすぎないのだ。専門化とは、学知の集団主義的理想、つまり法的に閉じた共同体へと学識者を組織することを、認識論へと移しかえたものなのである。教科あるいは学識（複数形）と呼ばれるものは、大学の同業者集団によって投影された影にすぎない。[*3] 認識論もまた、純粋に社会的で道徳的な性質を起源とする禁忌のシステムを、学術の世界へと移し換えようとする努力にすぎない。もっともその努力は失敗を運命づけられているのだが。

事物や思想は、人間よりもずっと規律化されていない。それらは禁忌もレッテルも気にすることなく互いに混合している。ペアになる許可を待たずに自由に流通してもいる。社会集団を練り上げるような力にはまったく対応しない形式や力でもって、構造化されていたりもする。そうでないことを期待したところで無駄というものだ。

他方、そうした自律性こそが、何世紀もの昔から哲学と称されてきた学知を可能にしてもいる。すなわち哲学とは、いかなる教科、いかなる規範にも仲介されることなく、また分別をもたず、無秩序でひたすら欲望のみを基礎とした、観念や知識との関係のことなのだ。哲学は真理への特権的な関係を要求できるとされ、また、わたしたちを現実の最も近くにまでいたらしめることができるのはそのような欲望であって、方法や教科、手続き、手順などではないとされるが、それは世界というものが、事物と思考とが異質なもの同士として、不調和で予測不可能なものとして混じり合う空間だからだ。

書かれつつある詩、そよ風、帰路を探す蟻、勃発する戦争など、出来事の同じ空間にはシナプスの交感が隠れている。そしてすべてはすべてに結びつき、混合よりも上位の統一性などなく、形式的な均質性・同形性を基準にして因果関係に秩序づけられることもない。同じ性質、同じかたちをもった現象同士（物理現象と他の物理現象、社会的事象と他の社会的事象など）〈だけ〉を結びつけるのでは、わたしたちは世界を理解するにはいたらないだろう。構成要素のあいだで似通うところのない性質を抑圧するのでは、わたしたちはあらゆるものの生命活動を可能にしているものが何なのかを掌握することはできないだろう。世界とは原因の秩序によって定義される空間ではない。むしろそれは影響関係の気候的条件、空気の気象学によって定義される空間だ。生命や世界は普遍的な混合、気候、統一性のささやかな名称にすぎない。そしてその統一性は、実体や形状の融合を含みもってはいない。

気候を理解すること。それは大気を掌握することである。

このように植物とその構造は、植物学よりもコスモロジーによってこそ、よりよく説明できる。また人類学も、合理性と呼ばれるものの本質を理解するには、人間主体の言語学的な自己意識よりも、むしろ花の構造からはるかに多くのことを学べるだろう。というのは、すべてが他のすべてに結びついているのと同じ意味で、あらゆる真理は他のあらゆる真理に結びついているからだ。観念、真理、〈そして〉事物のそうした結びつき、そうした共謀関係は、他方でわたしたちが世界と呼ぶものそのものでもある。すなわちそれは、わたしたちが息をするたび、その瞬間ごとに、わたしたちが通過し、またわたしたちの中を通過する当のものだ。

様々な知識が、〈世界に関するもの〉、つまり〈この世界の知識と知恵〉であり続けようとするのであれば、それらはそうした構造を尊重しなければならないだろう。世界においてすべてはすべてと混合しており、いかなるものも存在論的にそれ以外のものから分離されてはいない。知識や観念についても同じことがいえる。思考の海においては、あらゆるものがあらゆるものと交感し、知の各々は他の知に浸透し、また他の知によって浸透される。あらゆる対象はどんな学科によっても知ることができ、あらゆる知識はすべての対象にアクセスできるのだ。

結局、世界についての真の知識は、思弁的な「独立栄養」のかたちを取らざるをえない。しかじかの学科の経緯にもとづいて（哲学も含まれる）すでに神聖化されている観念や真理ばかりを糧とするのではなく、またすでに構造化され、秩序立てられ、確立された認識的要素を出発点としてみずからを構成するのでもなく、代わりにそうした真の知識は、いかなる素材、対象、出来事であろうとも観念に変換するのでなくてはならない。植物が、どんな土塊だろうと、どんな空気だろうと、どんな光だろうと生命に変えることができるように。そうした変換は、場所やかたち、実践の様式に関わりなく、最も根源的な思弁的活動の形態、変幻自在のコスモロジーであるだろう。

15 大気のごとくに

哲学の台頭を一度限りの歴史的出来事と考えてはならない。時間や空間において普遍的に共有される対象・方法・問題・目的によってそれと認められる教科にとどまることなく、哲学は時間においても空間においても、いわば唐突に現れうる大気の状態のようなものなのである。哲学はしばらくのあいだ人文知を支配することもありうるし、春の穏やかな一日や嵐が突如として消えてしまうのと同じように、ときに謎めいた理由から突然かき消えてしまうこともある。

その意味では、進歩的な歴史観や非・直線的な思考といった観念すらも、アーカイブや正典、受け継がれる著作やテクストの存在などと同様に、すべて幻想にすぎない。そこには原義的な意味での、あるいはアリストテレス的な用語の意味での、思想の気象学があるだけなのだ。つまり「風や地震」あるいは「落雷、台風、嵐」などのように、「自然法則に則って生じる」ものではあっても、「物体を織りなす第一質料の条件ほど規則正しくはない条件のもとで」生じる自然現象の、長いリストを相手にする学問があるだけなのである。

「哲学的」な考え方や概念は、ほかのかたちの知識や観念にオーバーラップする特殊な知識ではなく、理性や認識に特有の要素に関わるある種の運動、一つの気候現象、不安定ながらも強力な、現実の知識の立体配置なのだ。それはちょうど、風や雲や雨が、世界に存在する諸物に付加される要素なのではなく、単にその偶発的な変動、あるいはわたしたちに及ぼす力や影響の発露であるのと同様だ。なんらかの温度、なんらかの光、そして自然元素の新たな配置が、場所の様相を変化させ、居住可能性を決定づけるように、あらゆる哲学的事象は、歴史的文脈における知識や知の配置を変更し、その存在様式を根底から覆してしまう。

まずは、哲学は大気のようなものなのだ、という認識論的な明証性が重要である。なぜなら真理は、常に空気のようなかたちで存在するからだ。あらゆる事象が自身のアイデンティティーを見いだせるのは、他の要素との混合においてのみだ。ゆえに大気は、本質以上に真なるものなのである。

逆にいえば、哲学が本質よりも大気を好むのは、大気こそが要素全体の究極のかたちをなしているからだ。この意味で、哲学的知識の〈大気的〉性質はその形式に現れる。また、対象や方法、他を排する特定の様式などで定義される知に、哲学を還元しえないことに現れるのだ。

哲学を特定の対象に、あるいは「均質的」で一義的な探求の領域に還元できないというのは、哲学があらゆる場所に遍在するからである。他の知識の形式、たとえば物理学、文学、情報工学、芸術などに対立するどころか、哲学は知りうること、名づけうることの限界と合致する。〈もとより〉哲学的なものなど何もないのであり、実在せず決して存在しえないような対象も含めて、どのような対象であろうと哲学の対象になりうるし、ならなければならない。

同じように、厳密には一つの哲学書からほかの哲学書へと、スタイルの連続性を認めることもありえない。哲学はその歴史上、小説から詩まで、論文から格言まで、あるいは寓話から数学の公式まで、利用できるあらゆる種類の文献を駆使してきた。慣例に従えば、象徴のあらゆる形式は〈事実上〉哲学的なものであり、どれ一つとっても、真理に到達するための優位性を主張することなどできないのだ。いかなる文体も、ほかの文体より哲学に適しているわけでもない。

現代のアカデミックなフェティシズムは、エッセイにおける曖昧な雑種的言語と、ページ下の注釈にやたらこだわるが、以上の観点からすると、そこに存在理由などいっさいない。映画、彫像、ポップス、さらには石や雲、キノコなども、地質学の論文や『純粋理性批判』、しゃれっ気がないふりを装いながら発せられる金言などと同じ強さでもって、〈哲学的〉でありうるのである。

そしてまた、唯一これだという方法を練り上げることもかなわない。唯一の方法があるとすれば、それは知への極度に強い愛情、あらゆる形式とあらゆる対象の知識に向けた、粗野ともいえるほどの生々しく反抗的な情熱しかない。哲学とは、あらゆる神々のうちで最も不従順かつ最も粗野な神エロスが支配する帝国の知識だ。それが規律となることなど決してありえない。

逆に、いかなる規律、いかなる道徳、いかなる認識論もありえないという事実がひとたび認められたならば、哲学とはまさに人文知が変転する当のものとなるだろう。その逆のことを追認し、哲学をすでに定まった一連の問いへ、哲学に固有とされる諸問題へと結びつけてしまうのは、哲学をスコラ学の教養と混同するに等しい。*1 まさにそれゆえ、思想は決してアーカイブの中には見いだしえない。

思想はあらゆる伝統の裂け目、あらゆる教科の内部における〈クリナメン［新たな生成を可能にする斜傾運動］〉を体現している。だからこそ個別の知はパラダイムに、模範になりうるのだ。それはスコラ的なアトピア［不自然さ、異様さ］とは真逆の理想である。哲学的思考はどこにもないのではない。それはあらゆる場所に拡がっている。まさに大気のごとくに。

本書のアイデアは二〇〇九年三月、ダヴィデ・スティミリ、磯忍両氏とともに京都の伏見稲荷神社を訪れたときに着想を得た。けれどもそれをかたちにし、執筆に必要な時間を得るには、ニューヨークのコロンビア大学高等研究イタリアン・アカデミーに一年間滞在する機会を待たなくてはならなかった。

わたしを熱烈に歓迎してくださり、数多くの人間的・学問的交流をもたらしてくれたデーヴィッド・フリードバーグとバーバラ・フェーダの両氏に、まずは感謝を捧げたい。また、ファビアン・ルドゥエンニャ・ロマンディーニ氏との対話や日常的支援がなければ、事を進めることはとうていできなかっただろう。カテリーナ・ザンフィ氏は本書の誕生において大きな役割を果たしており、彼女にも深い感謝の意を捧げたい。またグイド・ジリオーニ氏のおかげで、ルネサンス期から初期近代にかけての、長い自然学の伝統を見いだすことができた。

ノラ・フィリップ氏には予備的な草稿を読んでいただき、コメントをいただいた。その批判と提案は決定的に重要なものだった。

パリとニューヨークのあいだで次の方々と交わした会話も貴重なものだった。フレデリック・アイト＝トゥアティ、エマニュエル・アロア、マルチェッロ・バリソン、キアラ・ボティッチ、キャミー・ブラザーズ、バーバラ・カルネヴァリ、ドロテ・シャルル、エマヌエーレ・クラリツィオ、ミケーラ・コッチャ、エマヌエーレ・ダッティーロ、キアラ・フランチェシニ、ダニエラ・ゴンドルファー、ドナティアン・グラウ、ピーター・グッドリッチ、カミーユ・アンロ、ノリーン・カワジャ、アリス・ルロワ、アンリエット・ミショー、フィリップ＝アラン・ミショー、クリスティーン・レベット、オリヴィエ・スシャール、ミケーレ・スパノ、ジュスティン・ステインバーグ、ピーター・ゼンディ、ルカ・ツヴィルナーの各氏である。リディア・ブレダ氏には、彼女にしかできない友情と力でもって、この計画を最初から支えていただき、また計画に付き添っていただいた。彼女にもこの上ない感謝を捧げる。さらに、わたしのたどたどしいフランス語の痕跡をすべて消し去ってくださり、原稿を息づかせてくれたルノー・パケット氏にも感謝したい。

本書はわたしの双子の兄弟、マッテオに捧げる。彼とともに、また彼の傍らで、私は呼吸を始めたのだ。

注

1　植物、あるいは世界のはじまり

＊1　近代における唯一の偉大な例外がグスタフ・フェヒナーの次の傑作である。Gustav Fechner, *Nana oder über das Seelenleben der Pflanzen*, Leipzig, L. Voss, 1848. そうした沈黙に対して、少数の研究者や知識人は声を上げ始め、中には「植物的転回」を主張する者も出てくるようになった。Elaine Miller, *The Vegetable Soul: From Philosophy of Nature to Subjectivity in the Feminine*, New York, State University of New York Press, 2002 ; Matthew Hall, *Plants as Persons: A Philosophical Botany*, New York, State University of New York Press, 2011 ; Eduardo Kohn, *How Forests Think: Toward an Anthropology Beyond the Human*, Berkeley, California University Press, 2013（エドゥアルド・コーン『森は考える——人間的なるものを超えた人類学』、奥野克巳、近藤宏監訳、亜紀書房、二〇一六）; Michael Marder, *Plant Thinking: A Philosophy of Vegetal Life*, New York, Columbia University Press, 2013 ; Id., *The Philosopher's Plant: An Intellectual Herbarium*, New York, Columbia University Press, 2014 ; Jeffrey Nealon, *Plant Theory: Biopower and Vegetable Life*, California, Stanford University Press, 2015. ごく少数の例外を除き、こうした文献は、純粋に〈哲学的〉もしくは人類学的な書誌に植物の真理を執拗に探ろうとし、現代の植物学的考察と交流しようとはしていない。この後者は逆に、注目すべき自然哲学の傑作の数々を産み出している。とりわけわたしの印象に残ったものを挙げておこう。Agnes Arber, *The Natural Philosophy of Plant Form*, Cambridge, Cambridge University Press, 1950 ; David Beerling, *The Emerald Planet. How Plants Changed Earth's History*, Oxford, Oxford University Press, 2007（デイヴィッド・ビアリング『植物が出現し、気候を変えた』、西田佐知子訳、みすず書房、二〇一五）; Daniel Chamovitz, *What a Plant Knows: A Field Guide to the Senses*, New York, Scientific American/Farrar, Straus & Giroux, 2012 ; Erdred John Henry Corner, *The Life of Plants*, Cleveland, World, 1964 ; Karl J. Niklas, *Plant Evolution. An Introduction to the History of Life*, Chicago, The University of Chicago Press, 2016 ; Sergio Stefano Tonzig, *Letture di biologia vegetale*, Milano, Mondadori, 1975 ; Francis Hallé, *Éloge de la plante. Pour une nouvelle biologie*, Paris, Seuil, 1999 ; Stefano Mancuso e Alessandra Viola, *Verde brillante, Sensibilità e intelligenza del mondo vegetale*, Firenze, Giunti, 2013. 現代アメリカの人類学でも、植物への留意は中心的になっており、その嚆矢には次の衝撃的な傑作があった（実際には菌類を中心に取り扱っている）。Anna Lowenhaupt Tsing, *The Mushroom at the End of the World: On the possibility of Life in Capitalist Ruins*, Princeton, Princeton University Press, 2015. また、同じテーマの著書を準備中のナターシャ・マイヤーズの研究も、とくに次のものを参照のこと。Natasha Myers and Carla Hustak, « Involutionary Momentum: Affective Ecologies and the Science of Plant/Insect Encounters », *Differences: A Journal of Feminist Cultural Studies*, 23 (3), 2012, pp. 74-117.

＊2　Francis Hallé, *Éloge de la plante, op. cit.*, p. 321. カール・J・ニクラスと並び、フランシス・アレは、植物の生命活動の考察を文字通り形而上学の対象にすべく、最も尽力した植物学者である。

＊3　Karl J. Niklas, *Plant Evolution: An Introduction to the History of Life, op. cit.*, p. VIII.

＊4　W. Marshall Darley, « The Essence of "Plantness" », *The American Biology Teacher*, vol. 52, n°6, sept. 1990. p. 356.「われわれは動物として、自分たちを植物よりも他の動物と、いっそう直接的に同一視する」。

＊5　最も著名なものの中から、以下の文献を参照のこと。Peter Singer, *La Libération animale*, Paris, Payot, coll, « Petite Bibliothèque Payot », 2012 ; Jonathan Safran Foer, *Faut-il manger les animaux ?*, Paris, L'Olivier, 2011. しかしながら、この議論は古くからある。古代における二大著作として、プルタルコスとポルフュリオスの著作を参照のこと。Plutarque, *Manger la chair ? : Traité sur les animaux*, Paris, Rivages, coll. « Petite Bibliothèque Rivage », 2002 ; Porphyre, *De l'abstinence*, 3 vol., Paris, Les Belles Lettres, 1977-1975. 同議論の歴史については次を参照。Renan Larue, *Le Végétarisme et ses ennemis. Vingt-cinq siècles de débats*, PUF, 2015. 動物についての議論は、極度に皮相的な道徳主義に著しく彩られていて、ほかの生物の殺害があらゆる生物にとって自然であり必然であるという従属栄養の前提を忘れているように思われる。

＊6　Giorgio Agamben, *L'Ouvert. De l'homme et de l'animal*, Paris, Rivage, coll. « Petite Bibliothèque Rivage », 2006.（ジョルジョ・アガンベン『開かれ――人間と動物』、岡田温司、多賀健太郎訳、平凡社、二〇一一）

＊7　植物の権利についての考察は、ごく少数ながら散見される。少なくともその嚆矢として、次の著書の名高い第二七章がある。Samuel Butler, *Erewhon ou De l'autre côté des montagnes*, Paris, Gallimard, 1981（原題は *The Views of an Erewhonian Prophet concerning the Rights of Vegetables*）（サミュエル・バトラー『エレホン――山脈を越えて』、山本政喜訳、岩波書店、一九五二）. また、次の古典的論考もある。Christopher D. Stone, « Should Trees have Standing? Toward Legal Rights for Natural Objects », *Southern California Law Review*, 45, 1972, pp. 450-501. この問題に関する哲学的議論の有益なまとめが次に見られる。Michael Marder, *Plant-Thinking, op. cit.* 次の著者の立ち位置も参照。Mathew Hall, *Plants as Persons, op. cit.*

＊8　W. Marshall Darkey, « The Essence of "Plantness" », art. cit. p. 356. 次の論考も参照のこと。J. L. Arbor, « Animal Chauvinism, Plant-Regarding Ethics And The Torture Of Trees », *Australian journal of philosophy*, vol. 64, n°3, sept. 1986, pp. 335-369.

＊9　Francis Hallé, *Éloge de la plante, op. cit.*, p. 325.

＊10　植物の〈感覚〉の問題については、次の文献を参照のこと。Daniel Chamovitz, *What a Plant Knows, op. cit.*; Richard Karban, *Plant Sensing and Communication*, Chicago, The University of Chicago Press, 2015. ただしそうした探求には限界もあり、動物において知覚を可能にする器官に「類似した」器官を、執拗に「見いだそうとする」にとどまっている。植物とその形態学から、別のかたちで知覚が存在する可能性や、感覚と身体の関係について別様の考察のあり方を想像しようとはしない。

＊11　W. Marshall Darley, « The Essence of "Plantness" », art. cit., p. 354. 面積と世界への露出の問題は、次の文献の中心的主題でもある。Gustav Fechner, *Nanna oder über das Seelenleben der Pflanzen, op. cit.* ; Francis Hallé, *Éloge de la plante, op. cit.* 世界との関係という問題については、次の労作を参照のこと。同書は植物的生命の本質について、最も深い考察をめぐらした哲学的著書の代表格である。Michael Marder, *Plant-Thinking, op. cit.*

2　生命領域を拡張する

＊1　Julius Sachs, *Vorlesungen über Pflanzen-Physiologie*, Leipzig, Verlag Wilhelm Engelmann, 1882, p. 733.（ユリウス・フォン・ザックス『植物生理学講義』、渡辺仁訳、森北出版、一九九七）

＊2　Anthony Trewavas, « Aspects of Plant Intelligence », *Annales of Botany*, 92 (1), 2003, pp. 1-20. 引用箇所は p. 16. 同著者の次の主要著書も参照のこと。*Plant Behaviour and Intelligence*, Oxford, Oxford University Press, 2014.

＊3　Aristote, *De anima*, II, 2, 414a 25.（アリストテレス『魂について』、中畑正志訳、京都大学学術出版会、二〇〇一）

＊4　T.M. Lenton, T.W. Dahl, S.J. Daines, B.J.W. Mills, K. Ozaki, M.R. Saltzman and P. Porada, « Earliest land plants created modern levels of atmospheric oxygen », *Proceedings of the National Academy of Sciences*, 113 (35) 2016, pp. 9704-9709.

3　植物、または息づく精神

＊1　まさにそれゆえ、植物はデザインの重要な着想源をなしている。次の文献を参照。Renato Bruni, *Erba Volant, Imparare l'innovazione dalle piante*, Torino, Codice Edizioni, 2015. 植物工学・植物物理学については次に挙げる基本書を参照。Karl J. Niklas, *Plant Biomechanics. An Engineering Approach to Plant Form and Function*, Chicago, The University of Chicago Press, 1992 ; Id., *Plant Allometry. The Scaling of Form and Process*, Chicago, The University of Chicago Press, 1994 ; Karl J. Niklas and Hanns-Christof Spatz, *Plant Physics*, Chicago, The University of Chicago Press, 2012.

＊2　近代の自然哲学における種子概念については、次の実に優れた著書を参照。Hiro Hirai, *Le Concept de semence dans les théories de la matière à la Renaissance. De Marsile Ficin à Pierre Gassendi*, Turnhout, Brepols, 2005.

＊3　Giordano Bruno, *De la causa, principio et uno*, a cura di Giovanni Aquilecchia, Torino, Einaudi, 1973, pp.

67–68 ; tr. fr. in Giordano Bruno, *Cause, principe et unité*, traduit par Émile Namer, Paris, PUF, 1982, pp. 89–91.（ジョルダーノ・ブルーノ『原因・原理・一者について』、加藤守通訳、東信堂、一九九八）

4 自然の哲学のために

＊1 なにもそれが最初ではないとの反論もありうるだろう。伝統に従うなら、哲学に「自然をまるごと無視し、倫理問題に（ペリ・タ・エティカ）のみ取り組む」よう初めて課したのはソクラテスだった（アリストテレス『形而上学』978b 2）。プラトンはソクラテスのおかげで、「哲学を諸天から呼びもどして街中へと移し替え、家の中に招き入れて生活や慣習、善悪について検討させる」ことができたのである（キケロ『トゥスクルム荘対談集』V. IV 10）。『アカデミカ』I. IV, 15も参照のこと。

＊2 たとえば次を参照。Iain Hamilton Grant, « Everything is Primal Germ or Nothing is: The Deep Field Logic of Nature », *Symposium: Canadian Journal of Continental Philosophy*, 19 (1), 2015, pp. 106–124.

＊3 大学に専門主義がはびこる基盤は、相互の無視の仕組みにある。専門家であるということは、扱う主題についてより多くの知識をもっていることを意味するのではない。他の学問分野に口を出さないという法的義務にしたがってきたことを意味するのである。

＊4 Mario Untersteiner, *I Sofisti. Testimonianze e Frammenti*, vol. I, Firenze, La Nuova Italia, 1949, p. 148, B2.

＊5 人類学は〈事後的に〉自然を人文学の内部に取り戻そうと優れた試みを行っており、自然を再び人間化もしくは〈社会化〉しようとするあらゆる機会をうかがっているが、この意味ではそれすら後知恵の最も素朴な表明のようにも思われる。なぜかというと、そうした試みのすべてにおいて、自然は〈非・人間〉的空間にとどまり、何をもって人間的と称するのか（ダーウィン以降、いかなる確信をもってそういえるだろうか?）、非・人間的なものは何をもって人間に対立するのか（理性?言葉?精神?）明確にされていないからだ。すると非・人間的なものとは、より洗練されていながらも、「野獣」「非・理性的なもの」「愚かなもの」といったより古い響きを伴う新語にすぎなくなってしまう。すでにプラトンが、そうした分割に警戒感を示していた（『政治家』263d）。「ツルや同種の野鳥がそうであると思わ

れているように、他の動物の中にも知性を備えた動物がいたとしよう。また、君がやってみせたように、たとえばツルが名前を付けていくとしよう。するとそのツルは、おそらくツルを一つの種として他の動物に対置するだろう。自分たちの栄誉を讃えて、人間をも含めた自分以外の動物を同じ類にまとめ、おそらくは野獣という名前以外の名前をそれらに与えようとはしないだろう」。プロタゴラスの前提は、逆の同化の動きをかたちづくり、教唆するように思われる。つまり人間固有と考えられている属性が他の動物種にも見られるとして、様々な動物を執拗なまでに人間に同化しようとするのである。その場合でも、人間の輪郭はあらかじめ定められ、自然なものはその残滓と考えられるのだろう。たとえその後、その同じ弁証法的区分がすぐさま否定されるとしても。ではどうすれば、「そうした種類のあらゆる過ちを警戒する」ことができるのだろうか？

＊6　そのことはブリュノ・ラトゥールの業績がもたらした大きな教訓の一つである。その傑作のうち次を挙げておく。*La Science en action*, Paris, La Découverte, 1989（ラトゥール『科学がつくられているとき——人類学的考察』、川﨑勝、高田紀代志訳、産業図書、一九九九）; *Nous n'avons jamais été modernes*, Paris, La Découverte, 1991（『虚構の「近代」——科学人類学は警告する』、川村久美子訳、新評論、二〇〇八）。技術的媒介の問題を道徳の観点からも扱ったものとしては、次の良書を参照。Peter-Paul Verbeek, *Moralizing Technology: Understanding and Designing the Morality of Things*, Chicago, The University of Chicago Press, 2011.

＊7　この問題については、次の古典的研究を参照。Walter Biemel, *Le Concept du monde chez Heidegger*, Paris/Louvain, Vrin/Nauwelaerts, 1950. 哲学における世界概念については、次の代表作を参照。Rémi Brague, *La Sagesse du monde. Histoire de l'expérience humaine de l'univers*, Paris, Fayard, 1999.

＊8　Jakob von Uexküll, *Milieu animal et milieu humain*, Paris, Rivages, coll. « Bibliothèque Rivage », 2010.（ヤーコプ・フォン・ユクスキュル『動物の環境と内的世界』、前野佳彦訳、みすず書房、二〇一二）

5 葉

＊1 Sergio Stefano Tonzig, *Sull'evoluzione biologica. (Ruminazioni e masticature)*, ms. Privé (propr. Giovanni Tonzig), p. 18.

＊2 この考え方はゲーテとその『植物変態論』に遡る。*Essai sur la métamorphose des plantes,* Stuttgart, Cotta, 1831, p. 97.「植物は育ち、花を咲かせ、果実を実らせるが、様々な目的のもとで、また多くの場合きわめて変化に富んだ形態で自然の意図を果たすのは、常に同じ器官なのである。その同じ器官は、〈葉〉の状態で茎の上に広がり、実に様々な形態を経て、やがては萼へと縮減し、再び花びらとして広がって縮減してはおしべを産み、最後にはふくらんで果実の状態へと移行する」。次の文献も参照のこと。Lorenz Oken, *Lehrbuch der Naturphilosophie, Dritter Theil. Erstes und zwites Stück, Pneumatologie. Vom Granzen im Einzelnen, Frommann,* Iéna, 1810, p. 72.「1枚の葉は、すべてのシステムと形成物、繊維、細胞、茎、節、枝、皮層などを含みもった、植物全体をなしている」。こうした議論の歴史については、次の古典的名著を参照。Agnes Arber, *The Natural Philosophy of Plant Form, op. cit.* ; 同著者の次の試論も参照。« The Interpretation of Leaf and Root in the Angiosperms », *Biological Review,* vol. 16, 1941, pp. 81-105 ; « Goethe's Botany », *Chronica Botanica,* vol. 10, n°2, pp. 63-126. 次の論考も参考になる。H. Uittien, « Histoire du problème de la feuille », *Recueil des travaux botaniques néerlandais,* vol. 37, n°2, 1940, pp. 460-472. この問題をめぐる、より近代的な議論については、次を参照。*Axioms and Principles of Plant Construction Proceedings of a Symposium held at the International Botanical Congress, Sydney, Australia, August 1981,* R. Sattler (ed.), Dordrecht, Springer, 1982 ; Neelima R. Sinha, « Leaf Development in Angiosperms », *Annual Review Plant Physiology and Molecular Biology,* n°50, 1999, p. 419-446 ; Hirokazu Tsukaya, « Comparative Leaf Development in Angiosperms », *Current Opinion in Plant Biology,* n°17, 2014, pp. 103-109. 葉の生物学についての総論は、次の名著を参照。Steven Vogel, *The Life of a Leaf,* Chicago, The University of Chicago Press, 2012.

＊3 *Ibid.*, p. 31.

6　ティクターリク・ロゼアエ

＊1　チームのメンバーは次の通り。Edward B. Daeschler, Farish A. Jenkins, Neil H. Shubin. 次の論考を参照。Per Erik Ahlberg and Jennifer A. Clack, « Palaeontology: A Firm Step from Water to Land », *Nature*, 440.7085, 2006, pp. 747–749 ; E.B. Daeschler, N.H. Jenkins, « A Devonian Tetrapod-like Fish and the Evolution of the Tetrapod Body Plan », *Nature*, 440.7085, 2006, pp. 757–763 ; N.H. Shubin, E.B. Daeschler and F.A. Jenkins, « The Pectoral Fin of *Tiktaalik roseae* and the Origin of the Tetrapod Limb », *Your Inner Fish: The Amazing Discovery of our 375-million-year-old Ancestor*, London, Penguin Books, 2009.

＊2　Stanley L. Miller et Harold Clayto Urey, « Organic Compound Synthesis on the Primitive Earth », *Science*, vol. 130, n°3370, 1959, p. 245–251. その実験により、オパーリンとホールデンが主張した自然発生説が実証された。

＊3　原始のスープという観念は、まずダーウィンが植物学者ジョセフ・ダルトン・フッカーに一八七一年二月一日付けで送った書簡に登場した。そこでは「熱い小さな池」として論じられている。次いでその観念は、オパーリンとホールデンの論文に再び登場し、生命の最初の環境として「薄まった熱いスープ」として扱われている。次の論考を参照。John B.S. Haldane, « The Origin of Life », *Rationalist Annual*, 148, 1929, p. 3–10 ; Aleksandr I. Oparin, *The Origin of Life*, New York, Macmillan Company, 1938. この問題そのものについては以下を参照。Antonio Lazcano, « Historical Development of Origins Research », *Cold Spring Harbor Perspectives in Biology*, 2 (11) : a002089 doi : 10.1101/cshperspect.a002089 ; Iris Fry, *The Emergence of Life on Earth: A Historical and Scientific Overview*, New Brunswick, NJ Rutgers University Press, 2000.

＊4　それは次の著書の真に哲学的な意義をなしている。René Quinton, *L'Eau de mer, milieu organique: Constance du milieu marin originel comme milieu vital des cellules, à travers la série animale*, Paris, Masson 1904. 次の裏表紙の口上が参考になる。「本書は次の二点を連続的に立証する。一．動物の生命は細胞レベルにおいて海に現れた。二．動物学的系譜の全体を通じて、動物には、海洋環境において各々の有機体を構成していた細胞を常に温存しようとする傾向が見られた。その結果、ここでは無視して構わないほどの少数

の例外、下等生物や絶滅した種にのみ関係する例外を除き、動物の有機体はすべて一つの海洋生物の水族館をなしているといえる。そこではその有機体を構成する細胞が、本来の水性環境のもとで生き続けている」。

7　空気のただ中で——大気の存在論

＊1　この問題に関する文献は膨大である。ここでは以下を参照。G. Gensel and Dianne Edwards (éd), *Plants Invade the Land – Evolutionary & Environmental Perspectives*, New York, Columbia University Press, 2001 ; M. Vecoli, G. Clément and B. Meyer-Berthaud (ed.), *The Terrestrialization Process: Modeling Complex Interactions at the Biosphere-geosphere Interface*, London, The Geological Society, 2010 ; Joseph E. Armstrong, *How the Earth Turned Green: A Brief 3.8-Billion-Year History of Plants*, Chicago, The University of Chicago Press, 2014. また植物の進化史の教科書も、とくに次のものを参照。Kathy J. Willis, *The Evolution of Plants*, Oxford, Oxford University Press, 2002. とりわけ第二章と第三章。T.N. Taylor, E.L. Taylor, M. Krings, *Paleobotany: The Biology and Evolution of Fossil Plants*, Burlington/London/San Diego/New York, Elsevier/Academic Press 2009. 最近の研究ならば以下を参照。J.A. Raven, « Comparative Physiology of Plant and Arthropod Land adaptation », *Philosophical Transactions of the Royal Society London*, B 309, 1985, pp. 273–288 ; Paul Kenrick et Peter R. Crane, « The Origin and Early Evolution of Plants on Land », *Nature*, 389 (6646), 1997, pp. 33–39 ; Martin Gibling and Neil Davies, « Paleozoic Landscapes Shapes by Plants Evolution », *Nature Geosciences*, 5, 2012, pp. 99–105.

＊2　カール・J・ニクラスが記すように、植物の生命の顕現は、陸地よりもむしろ空中の侵略にほかならなかった。同著者の次の力作を参照。Karl J. Niklas, *The Evolutionary Biology of Plants*, Chicago, University of Chicago Press, 1997.

＊3　R.B. MacNaughton, J.-M. Cole, R.W. Dalrymple, S.J. Braddy, D.E.G. Briggs, T.D. Lukie, « First Steps on Land: Arthropod Trackways in Cambrian-Ordovician Eolian Sandstone, Southeastern Ontario, Canada », *Geol-*

ogy, vol. 30, 2002, pp. 391–394.

＊4　Simon J. Braddy, « Eurypterid Palaeoecology: Palaeobiological, Ichnological and Comparative Evidence for a "Mass-moult-mate" hypothesis », *Palaeogeography, Palaeoclimatology, Palaeoecology*, 172, 2001, pp. 115–132.

＊5　この問題についても文献は膨大である。基本的な着想は以下に見られる通りである。Preston E. Cloud, « Atmospheric and Hydrospheric Evolution on the Primitive Earth », *Science*, 160, 1972, pp. 729–736 ; Heinrich D. Holland, « Early Proterozoic Atmospheric Change », in *Early Life on Earth*, Stefan Bengston (ed.), New York, Columbia University Press, 1994, pp. 237–244 ; Id., « The Oxygenation of the Atmosphere and Oceans », *Philosophical Transactions of the Royal Society: Biological Sciences*, vol. 361, 2006, pp. 903–915 ; Id., « Why the Atmosphere became Oxygenated: A Proposal », *Geochimica et Cosmochimica Acta*, 73, 2009, pp. 5241–5255. ドナルド・E・カンフィールドの次の労作は導きの糸となるだろう。Donald E. Canfield, *Oxygen. A Four Billion Year History*, Princeton, Princeton University Press, 2014. 大酸化イベントを地質学的要因から説明づけるものとしては、とりわけ次の論考が参考になる。M. Wille, J.D. Kramers, T.F. Nagler, N.J. Beukes, S. Schroder, T. Meisel, J.P. Lacassie, A.R. Voegelin, « Evidence for a Gradual Rise of Oxygen between 2.6 and 2.5 Ga from Mo Isotopes and Re-PGE Signatures in Shales », *Geochimica et Cosmochimica Acta*, 71, 2007, pp. 2417–2435. 生物学的説明についてはとくに次の論考を参照のこと。T.J. Algeo, R.A. Berner, J.B. Maynard, S.E. Scheckler, « Late Devonian Oceanic Anoxic Events and Biotic Crises: Rooted in the Evolution of Vascular Land Plants ? », *GSA Today*, 5, 1995, pp. 63–66 ; Joseph L. Kirschvink and Robert E. Kopp, « Paleoproterozoic Ice Houses and the Evolution of Oxygen-mediating Enzymes: The Case for a Late Origin of Photosystem II », *Philosophical Transaction of the Royal Society*, B 363, 2008, pp. 2755–2765.

＊6　注5に挙げた文献を参照。

＊7　大気の概念の歴史については次の論考を参照。Craig Martin, « The Invention of Atmosphere », *Studies in History and Philosophy of Sciences*, A 52, 2015, pp. 44–54.

＊8　次を参照。Jakob von Uexküll, *Mondes animaux et monde humain*, Paris, Pocket, 2004, pp. 13–15.

＊9　*Ibid.*, p. 15. 次も参照のこと。Jakob von Uexküll, *Theoretische Biologie*, 2. Aufl., Berlin, J. Springer, 1928, p.

62.「各々の動物の周りにある空間は、いわば石鹸の泡であり、その中でその動物の行動がなされる」。

＊10 Jakob von Uexküll, *Theoretische Biologie, op. cit.*, p. 42.

＊11 Jakob von Uexküll, *Mondes animaux et monde humain, op. cit.*, p. 29.

＊12 Jakob von Uexküll, *Die Lebenslehre*, Potsdam, Müller & Kiepenheuer, 1930, p. 134.

＊13 F.J. Odling-Smee, K.N. Laland and M.W. Feldman, *Niche Construction: The Neglected Process in Evolution*, Princeton, Princeton University Press, 2003. ニッチ構築理論は次に挙げる諸論文に多くを負っている。R.C. Lewontin, « Organism and Environment », *in* H.C. Plotkin (ed.), *Learning, Development and Culture*, New York, Wiley, 1982, pp. 151-170 ; « The Organism as the Subject and Object of Evolution », *Scientia*, vol. 118, 1983, pp. 65-82 ; Id., « Adaptation », *in* Richard Levins et Richard Lewontin (ed.), *The Dialectical Biologist*, Cambridge, Harvard University Press, 1985, pp. 65-84. この問題の刷新に関しては次を参照。Sonia E. Sultan, *Organism and Environment: Ecological Development, Niche Construction and Adaptation*, Oxford, Oxford University Press, 2015.

＊14 Kevin N. Laland, « Extending the Extended Phenotype », *Biology and Philosophy*, vol. 19, 2004, pp. 313-325 ; K.N. Laland, J.F. Odling-Smee and M.W. Feldman, « Evolutionary Consequences of Niche Construction and their Implications for Ecology », *Proceedings of the National Academy of Sciences*, vol. 96, 1999, pp. 10242-10247 ; K.N. Laland, J.F. Odling-Smee and S.F. Gilbert, « EvoDevo and Niche Construction: Building Bridges », *Journal of Experimental Zoology*, 310, 2008, pp. 549-566.

＊15 G.G. Brown, C. Feller, E. Blanchart, P. Deleporte and S.S. Chernyanskii, « With Darwin, Earthworms turn Intelligent and become Human Friends », *Pedobioligia*, vol. 47, 2004, pp. 924-933.

＊16 Charles Darwin, *The Formation of Vegetable Mould, through the Action of Worms, with Observations on their Habits*, London, John Murray, 1881, p. 305.

＊17 *Ibid.*, pp. 308-309.

＊18 *Ibid.*, pp. 309-310.

＊19 *Ibid.*, p. 312.

＊20　Kim Sterenly, « Made By Each Other: Organisms and Their Environment », *Biology and Philosophy*, vol. 20, 2005, pp. 21–36.

＊21　動物の文化に関する書誌も膨大なものになっている。とくに以下を参照。Gavin R. Hunt and Russell D. Gray, « Diversification and Cumulative Evolution in New Caledonian Crow Tool Manufacture », *Proceedings of the Royal Society*, B 270, 2003, pp. 867–874 ; Kevin N. Laland and William Hoppit, « Do Animals have Culture? », *Evolutionary Anthropology*, vol. 12, 2003, pp. 150–159 ; Kevin N. Laland and Bennett G. Galef Jr (ed.), *The Question of Animal Culture*, Cambridge, Harvard University Press, 2009 ; Luke Rendell and Hall Whitehead, « Culture in Whales and Dolphins », *Behaviour and Brain Sciences*, vol. 24, 2001, pp. 309–324 ; David F. Sherry and Bennett G. Galef Jr, « Social Learning without Imitation », *Animal Behaviour*, vol. 40, 1990, pp. 987–989 ; Andrew Whiten and Carol P. Van Schaik, « Evolution of Animal "cultures" and Social Intelligence », *Philosophical Transactions of the Royal Society*, B 362, 2007, pp. 603–620. 重要かつ独自の手引書として次が挙げられる。Dominique Lestel, *Les Origines animales de la culture*, Paris, Flammarion, 2001.

＊22　次を参照。K.N. Laland and M.W. Feldman, *Niche Construction, op. cit.*, p. 13.「わたしたちはこの第二の一般的継承システムを生態学的遺産と呼ぼう。それには、ニッチ構築をなす祖先の有機体から子孫へと贈られる、自然淘汰圧力の変化のあらゆる遺産が含まれる。生態学的遺産は重要ないくつかの面で、遺伝的遺産とは異なる」。

＊23　Kevin N. Laland, « Extending the Extended Phenotype », p. 316.「有機体は祖先から遺伝子を受け継ぐだけでなく、生態学的遺産をも受け継ぐ。それは遺伝的・生態学的な祖先のニッチ構築によって変化した、自然淘汰圧力の遺産である。生態学的遺産は環境レプリケーターの有無に依存することはなく、ただ祖先の有機体が子孫の局所的な淘汰環境に及ぼすなんらかの物理的変化の、世代間を通じての持続性にのみ依存する。このように生態学的遺産は、遺伝的遺産よりも領土や土地の継承にいっそう近い」。

＊24　Georgyi F. Gause, *The Struggle for Existence*, Baltimore, Williams & Wilkins, 1934. ニッチ概念の歴史については、次を参照。Arnaud Pocheville, « The Ecological Niche: History and Recent Controversies », *in* T. Heams, P. Huneman, G. Lecointre and M. Silberstein (ed.), *Handbook of Evolutionary Thinking in the Sciences*,

New York, Springer, 2015, pp. 547–586.

＊25　生態学における影響概念については、次の古典的論考を参照。Robert J. Naiman, « Animal Influence on Ecosystem Dynamics », *BioScience*, vol. 38, 1988, pp. 750–752. 同論考は、生物が環境にもたらす行為の広がりを制限するのは難しいと認めている。「一般的な現象として、このプロセスは複合的で、研究するのは難しい。なぜなら多くの動物において、個体数の周期変動は長期（一〇年など）にわたるからである。生態系にもたらされる変化は、短期的には明らかにわずかであり（樹木の致死率の増加や土壌の変化の発生など）、生物地球化学的循環におけるシフトや、堆積物と土壌の特性などは、短期間（年単位など）では検出できない。とはいうものの、そうした継続的な変化は多くの場合、気候や地質の支配的な影響だけでは生じえないような、異質な風景をもたらすことになる。そこには動物の活動の介入が必須となる」。

＊26　次の名高い論考を参照。C.C. Jones, J.H. Lawton and M. Shachak, « Organism as Ecosystem Engineers », *Oikos*, 69, 1994, pp. 373-386.「生態系エンジニアとは、生物的・非生物的物質に物理状態の変化を生じさせ、他の生物種に対してリソース（自分たち以外の）の入手可能性を直接的・間接的に変化させる有機体のことである。そうすることでそれら有機体は、生息環境の変更、保持、さらに／もしくは創造をなす。ある有機体から他の生物種へのリソースの供給が、生きた組織または死んだ組織から直接なされる場合、それはエンジニアリングではない。むしろ現代の大半の生態学研究の対象となっている事象である。たとえば植物と草食動物、捕食者と獲物の相互作用の食物連鎖や、分解プロセスなどである」。

＊27　Charles Bonnet, *Recherches sur l'usage des feuilles dans les plantes. Et sur quelques autres sujets relatifs à l'histoire de la végétation*, Göttingen/Leyde, Elie Luzac, 1754, p. 47. それに続く議論は以下を参照のこと。Leonard Kollender Nash, *Plants and the Atmosphere*, Cambridge, Harvard University Press, 1952 ; Howard Gest, « Sun-beams, Cucumbers, and Purple Bacteria: Historical Milestones in Early Studies of Photosynthesis Revisited », *Photosynthesis Research*, 19, 1988, pp. 287–308 ; Id., « A "Misplaced Chapter" in the History of Photosynthesis Research; the Second Publication (1796) on Plant Processes by Dr Jan Ingenhouz, MD, Discoverer of Photosynthesis », *Photosynthesis Research*, 53, 1997, pp. 65–72 ; R. Govindjee and H. Gest (ed.), « Celebrating the millennium - historical highlights of photosynthesis research, Part 1 », *Photosynthesis Research*, 73, 2001, pp. 1–308 ; R. Govindjee, J.T. Beatty, H. Gest (ed.), « Celebrating the millennium-historical highlights of photosynthesis research, Part 2 », *Photosynthesis Research*, 76, 2003, pp. 1–462 ; Jane Hill, « Early Pioneers of Photosynthesis Research », *in* J. Eaton-Rye, B.C. Tripathy, T.D. Sharkey (ed.), *Photosynthesis: Plastid Biology, Energy Conversion and Carbon Metabolism*, Dordrecht, Springer, 2012, pp. 771–800. 一八世紀の植物学については、次の重要な研究を参照のこと。François Delaporte, *Le Second Règne de la nature. Essai sur les questions de végétalité au XVIIIe siècle*, Paris, Flammarion, 1979. 次の見事な総括も参照。Claude Lance, *Respiration et photosynthèse. Histoire et secrets d'une équation*, Les Ulis, EDP Sciences, 2013. 最新の研究への手引書としては次のものがある。Jack Farineau et Jean-François Morot-Gaudry, *La Photosynthèse. Processus physiques, moléculaires et physiologiques*, Versailles, Éditions QUAE, 2011.

＊28 Joseph Priestley, « Observations on Different Kinds of Air », *Philosophical Transactions of the Royal Society of London*, 62, 1772, pp. 147–264. 該当箇所は p. 166.

＊29 *Ibid.*, p. 168.

＊30 *Ibid.*, p. 232.

＊31 *Ibid.*, p. 193.

＊32 Jan Ingenhousz, *Experiments upon Vegetables, Discovering their Great Power of Purifying the Common Air in the Sun-Shine, and of Injuring it in the Shade and at Night, to which is joined, a new Method of Examining the Accurate Degree of Salubrity of the Atmosphere*, London, Elmsly and Payne, 1779, p. 12. インゲンホウスその人については次を参照。Geerdt Magiels, *From Sunlight to Insight: Jan Ingenhousz, the Discovery of Photosynthesis and Science in the Light of Ecology*, Brussels, VUB Press, Academic and Scientific Publishers, 2010.

＊33 *Ibid.*, p. 9.

＊34 *Ibid.*, pp. 14–16.

＊35 *Ibid.*, p. 14.

＊36 *Ibid.*, p. 31.

*37 Jean Senebier, *Mémoire physico-chimique sur l'influence de la lumière solaire pour modifier les êtres des trois règnes de la nature*, Genève, Barthelemi Chirol, 1782.

*38 Nicolas Théodore de Saussure, *Recherches chimiques sur la végétation*, Paris, chez la veuve Nyon, 1804.

*39 Julius Robert von Mayer, *Die organische Bewegung im ihrem Zusammenhange mit dem Stoffwechsel. Ein Beitrag zur Naturkunde*, Heilbronn, Drechsel'sche Buchhandlung, 1845.

*40 光合成の化学的ダイナミズムの理解を導いた、次の先駆的研究を参照。Robin Hill, « Oxygen Evolved by Isolated Chlroplasts », *Nature*, 139, 1937, pp. 881–882 ; Id., « Oxygen Produced by Isolated Chloroplasts », *Proceedings of the Royal Society Biological Sciences*, B 127, 1939, pp. 192–210.

*41 Arthur Lovelock, « Geophysiology. The Science of Gaia », *Reviews of Geophysics*, 27, 1989, p. 215–222. 引用箇所は p. 216.

*42 共生概念の歴史については次の論考を参照。Olivier Perru, « Aux origines des recherches sur la symbiose vers 1868–1883 », *Revue d'histoire des sciences*, 59 (1), 2006, pp. 5–27. シンビオジェネシスの概念の歴史については次の研究を参照。Liya Nikolaevna Khakhina, *Concepts of Symbiogenesis: A Historical and Critical Study of Research of Russian Botanists*, New Haven, Yale University Press, 1992. 次の古典的名著の伝統も重要である。Boris Mikhaylovich Kozo-Polyansky, *Symbiogenesis: A New Principle of Evolution*, Cambridge, Harvard University Press, 2010. 現代的アプローチについては次の力作を参照。Lynn Margulis, *Symbiosis in Cell Evolution: Microbial Communities in the Archean and Proterozoic Eons*, 2nd ed., New York. W. H. Freeman, 1993 ; Id., *Symbiotic Planet: A New Look At Evolution*, New York, Basic Books. 1998.

*43 この点については次を参照。Allison L. Steiner *et alii.*, « Pollen as Atmospheric Cloud Condensation Nuclei », *Geophysical Research Letters*, 42, 2015, pp. 3596–3602.

*44 Craig Martin, « The Invention of Atmosphere », art, cit.

*45 アレクサンドリアのフィロン［後1世紀のユダヤ人哲学者］を参照。*De confusione linguarum*, 184, II, Paul Wendland (Hrsg.), *Philoni Alexandrini Opera quae supersunt*, vol. 2, Berlin, Reimer, 1897, p. 264 (S.V.F. II 472) ; Alexandre d'Aphrodise, *Sur la mixtion et la croissance (De mixtione)*, traduit par Jocelyn Groisard, Paris,

Les Belles Lettres, 2013. 混合の問題については、次の優れたモノグラフを参照。Jocelyn Groisard, *Mixis, Le problème du mélange dans la philosophie grecque d'Aristote à Simplicius*, Paris, Les Belles Lettres, 2016.

＊46 それは思弁的実在論をめぐる現行の議論のほぼすべてにおける前提になっている。その実在論は残念ながら混合としての世界の観念を完全に無視し、世界についての最初の二つの概念ばかりをそれと認めているように思われる。とりわけ以下の著書を参照。Quentin Meillassoux, *Après la finitude*, Paris, Seuil, 2006（カンタン・メイヤスー『有限性の後で――偶然性の必然性についての試論』、千葉雅也ほか訳、人文書院、二〇一六）; Markus Gabriel, *Pourquoi le monde n'existe pas*, Paris, JC Lattès, 2014（マルクス・ガブリエル『なぜ世界は存在しないのか』、清水一浩訳、講談社、二〇一八）.

＊47 Alexandre d'Aphrodise, *Sur la mixtion et la croissance (De mixtione)*, *op. cit.*, pp. 6–7.

＊48 Jean Stobée, *Eclogarum physicarum et ethicarum libri duo*, I, XII, 4（153.24 Wachsmut＝SVF II 471）. 科学哲学者ジョルジュ・カンギレムが「生きるとは放射状に広がること、参照点を中心に環境を組織することである。参照点そのものを、本来の意味を失うことなく参照することはできない」と記したとき、彼は無意識的にストア派の〈プネウマ〉概念（ルネサンス期に幅広い影響力をもった）を言い換えていた。次を参照のこと。Georges Canguilhem, *La Connaissance de la vie*, Paris, Vrin, 2006, p. 188.（ジョルジュ・カンギレム『生命の認識』、杉山吉弘訳、法政大学出版局、二〇〇二）

8　世界の息吹

＊1 ディブナー・コレクションの草稿。MS. 1031 B, The Dibner Library of the History of Science and Technology, Smithsonian Institution Libraries, c. 3v.

＊2 James Ephraim Lovelock and Lynn Margulis, « Biological Modulation of the Earth's Atmosphere », *Icarus*, 21, 1974, pp. 471–489. 引用箇所は p. 471. 次も参照のこと。Id. « Atmospheric Homeostasis by and for the Biosphere: the Gaia Hypothesis », *Tellus*, 26, 1974, pp. 2–10. ガイア仮説の歴史については、実に詳細な次の著書を参照のこと。Michael Ruse, *Gaia: Science on a Pagan Planet*, Chicago, University of Chicago Press, 2013.

＊3　James Ephraim Lovelock and Lynn Margulis, « Biological Modulation of the Earth's Atmosphere », art. cit., p. 485.

＊4　Jean-Baptiste de Lamarck, *Hydrogéologie, ou Recherches sur l'influence qu'ont les eaux sur la surface du globe terrestre ; sur les causes de l'existence du bassin des mers, de son déplacement et de son transport successif sur les différens points de la surface de ce globe ; enfin sur les changemens que les corps vivans exercent sur la nature et l'état de cette surface*, Paris, Agasse et Maillard, 1802, p. 5.

＊5　*Ibid.*, pp. 167–168.「生物の残骸とその産出物は絶えず費やされ、変形されて、最後には認識すらされなくなる。（中略）雨水は湿らせ、潤し、洗い流し、浸透させる。それは生物の残骸からその構成要素である各種の分子を引き離し、自然においてそれら分子が被る変質を促し、導き、担い、それらが最終的に達する状態にまでいたらしめる」。

＊6　Jean-Baptiste de Lamarck, *Mémoires de physique et d'histoire naturelle, établis sur les bases de raisonnement indépendantes de toute théorie ; avec l'explication de nouvelles considérations sur la cause générale des dissolutions ; sur la matière de feu ; sur la couleur des corps ; sur la formation des composés ; sur l'origine des minéraux, et sur l'organisation des corps vivans, lus à la première classe de l'Institut national dans ses séances ordinaires, suivi de Discours prononcé à la Société Philomatique le 23 floréal an V*, Paris, 1797, p. 386.

＊7　次の力作論文を参照。Jean-Baptiste Fressoz, « Circonvenir les *circumfusa* : la chimie, l'hygiénisme et la libéralisation des choses environnantes（1750–1850）», *Revue d'histoire moderne et contemporaine*, 56（4）, 2009, pp. 39–76.

＊8　Jean-Baptiste Boussingault et Jean-Baptiste Dumas, *Essai de statique chimique des êtres organisés*, Paris, Fortin Masson, 1842, pp. 5–6.

＊9　Vladimir I. Vernadsky, *The Biosphere*, New York, Copernicus, 1998, p. 122. エコロジー思想史におけるヴェルナツキーの位置付けについては、ジャン＝ポール・ドレアージュによる初期の指摘を参照のこと。Jean-Paul Deléage, *Une histoire de l'écologie*, Paris, La Découverte, 1991, chap. IX.

＊10　*Ibid.*, p. 76.

＊11　*Ibid.*, p. 120.

＊12　*Ibid.*, p. 87.

＊13　*Ibid.*, p. 44. また P. 47 も参照。「生物圏は、宇宙からの放射線を電気的・化学的・機械的・熱的その他の形式の活動的エネルギーに変換する、変換器の領域と見なすこともできるかもしれない。あらゆる天体からの放射線が生物圏に入り込むが、わたしたちはそれを捉え、全体のごくわずかな部分のみを知覚する。そうした部分はほぼすべて太陽に由来する」。

＊14　*Ibid.*, p. 50.

＊15　*Ibid.*, p. 57.

＊16　Hippocrate, *Airs, eaux, lieux*, traduit du grec par Pierre Maréchaux, Paris, Rivages, coll. « Petite Bibliothèque Rivages », 1995.

＊17　次を参照。Montesquieu, *De l'esprit des lois*, 3e partie, livre XIV, chap. x, Paris, Flammarion, 1979, vol. I, p. 382.「異なる気候における異なる需要が、多様な生き方を形成してきたのだ。そしてその多様な生き方は、様々な種類の法を作り上げてきた」。こうした考え方の変遷については、次の論考を参照。Roger Mercier, « La théorie des climats des *Réflexions critiques* à *L'Esprit des lois* », *Revue d'histoire littéraire de la France*, vol. 58, 1953, pp. 17-37 et pp. 159-175.

＊18　Johann G. Herder, *Ideen zur Philosophie der Geschichte der Menschheit*, in *Werke*, t. 6, Frankfurt am Main, Deutsche Klassiker Verlag, 1989.

＊19　Watsuji Tetsurô, *Fûdo, Le Milieu humain*, traduit par Augustin Berque, Paris, CNRS Éditions, 2011.（和辻哲郎『風土　人間学的考察』、岩波書店、一九三五）。この著者については以下を参照のこと。Robert N. Bellah, « Japan's Cultural Identity: Some Reflections on the Work of Watsuji Tetsurô », *The Journal of Asian Studies*, 24, 1965, pp. 573-594 ; Augustin Berque, « Milieu et logique du lieu chez Watsuji », *Revue philosophique de Louvain*, 92, 1994, pp. 495-550 ; Graham Mayeda, *Time, Space and Ethics in the Philosophy of Watsuji Tetsurô, Kuki Shuzo, and Martin Heidegger*, New York, Routledge, 2006.

＊20　Jean-Baptiste Dubos, *Réflexions critiques sur la poésie et sur la peinture*, IIe partie, Paris, Chez Jean Mariette,

1719, p. 205.

＊21 Edme Guyot (ps Sieur de Tymogue), *Nouveau système du Microcosme ou Traité de la nature de l'homme*, La Haye, M. G. de Merville, 1727, p. 246.

＊22 Georg Simmel, *Sociologie. Études sur les formes de la socialisation*, Paris, PUF, 1999, chap. IX, p. 639（ジンメル『社会学——社会化の諸形式についての研究』、居安正訳、白水社、一九九四）. ジンメルに関しては次の論考も参照のこと。Barbara Carnevali, « *Aisthesis* et estime sociale. Simmel et la dimension esthétique de la reconnaissance », *Terrains/Théories*, 4, 2016, mis en ligne le 19 août 2016, consulté le 20 août 2016. http://tech.revues.org/686.

＊23 Peter Sloterdijk, *Sphère I : Bulles. Microsphérologie*, traduit de l'allemand par Olivier Mannoni, Paris, Pauvert, 2002, p. 52.

＊24 *Ibid.*, p. 51.

＊25 Gernot Böhme, « Atmosphere as the Fundamental Concept of a New Aesthetics », *Thesis Eleven*, 36, 1993, pp. 113-126. 引用箇所は p. 113. 同じ著者による次の古典的著書も参照のこと。*Atmosphäre: Essays zur Neuen Ästhetik*, Frankfurt am Main, Surhkamp, 1995. この概念について見通すには次を参照。Tonino Griffero, *Atmospheres. Aesthetics of Emotional Spaces*, Farnham, Ashgate, 2014. 法の観点から大気の概念をラディカルに読み解いたものとしては、きわめて重重な次の著書を参照。Andreas Philippopoulos-Mihalopoulos, *Spatial Justice: Body, Lawscape, Atmosphere*, London, Routledge, 2015.

＊26 Léon Daudet, *Mélancholia*, Paris, Bernard Grasset, 1928, p.32. ドーデについては次の論文を参照。Barbara Carnevali, « "Aura" e "Ambiance" : Léon Daudet tra Proust et Benjamin », *Rivista di Estetica*, 46, 2006, pp. 117-141.

＊27 *Ibid.*, p. 16.

＊28 *Ibid.*, p. 86.

＊29 *Ibid.*, p. 25.

9　すべてはすべての中に

＊1　ペーター・スローターダイクは自著（*Bulles, Sphères I*, Paris, Pluriel, 2011）で、相互の入れ子状態のイメージを用いている（それが「物体の混合を説くストア派哲学の系譜」に属していることは、本人も認めている）。しかしながらスローターダイクは、八世紀のキリスト教神学者ダマスクスのヨハンネスが示した、三位一体の三つの位格の〈入れ替わり〉という神学的なイメージをむしろ強調したいと述べている。この選択がもたらす帰結はきわめて重大である。まず、スローターダイクの文言とは異なり、神的な混合は「同じ空間部分における実体の、序列的でも排他的でもない入れ子状態を表すもの」（*Bulles*, p. 645）ではない。逆に、まずは新プラトン主義の伝統、次にキリスト教的伝統のいっさいが、混合の概念のもとに序列的な秩序の導入を試みてきたのである（父なる神は聖霊と同じ水準にはなく、またありえないとされる）。さらにその二つの伝統では、混合の可能性を霊的実体にのみ限定することが重要とされる。それにより混合は、主に聖霊にのみ帰され、あるがままの身体には関係しないような属性となったのだ。スローターダイクのいう混合は、したがって純粋に人間学的（あるいは神学的）な空間、宇宙的ではない主体同士の精神的な関係の形象であって、世俗的な存在すべての通念的生理学ではない。このことは、スローターダイクがアナクサゴラスへの言及の重要性を無視しているか、もしくは軽視している理由でもある。新プラトン主義とキリスト教神学における混合概念の受容については、次の重要文献を参照のこと。Jocelyn Groysard, *Mixis*, *op. cit.*, pp. 225–292.

＊2　Augustinus, *Confessions*, X, 15-16.（アウグスティヌス『告白』山田晶訳、中公文庫、二〇一四）

＊3　この意味で、シェリングのアプローチもわたしたちからすれば不十分である。シェリングとドイツ観念論の自然哲学については、次の良書を参照のこと。Hamilton Grant, *Philosophy of Nature after Schelling*, London, Bloomsbury, 2006.

＊4　Natasha Myers, « Photosynthesis », in *Theorizing the Contemporary*, *Cultural Anthropology*, http://culanth.org/fieldsights/790-photosynthesis.

＊5　これも次の優れた著書のテーゼである。Christophe Bonneuil et Jean-Baptiste Fressoz, *L'Événement anthro-*

pocène. La Terre, l'histoire et nous*, Paris, Seuil, 2016.

10　根

＊1　Howard J. Dittmer, « A Quantitative Study of the Roots and Root Hairs of a Winter Rye Plant (Secale cereal) », *American Journal of Botanics*, 24, 1937, pp. 417-420.

＊2　少なくともデボン紀の終わりまで、維管束植物類は根軸を発達させずに生きていたと考えられている。次の論文を参照。J.A. Raven and Diane Edwards, « Roots: Evolutionary Origins and Biogeochemical Significance », *Journal of Experimental Botany*, 52, 2001, pp. 381-401 ; P.G. Gensel, M. Kotyk and J.F. Basinger, « Morphology of Above- and Below-Ground Structures in Early Devonian (Pragian – Emsian) », *in* P.G. Gensel et D. Edwards (ed.), *Plants invade the Land: Evolutionary and Environmental Perspectives*, New York, Columbia University Press, 2001, pp. 83-102 ; Nuno D. Pires and Liam Dolan, « Morphological Evolution in Land Plants: New Designs with old Genes », *Philosophical Transactions of Royal Society*, B 367, 2012, pp. 508-518. とくに pp. 511-512 ; Paul Kenrick and Christine Strullu-Derrien, « The Origin and Early Evolution of Roots », *Plant Physiology*, 166, 2014, pp. 570-580 ; Paul Kenrick, « The Origin of Roots », *in* A. Eshel et T. Beeckman (ed.), *Plant Roots: The Hidden Half*, 4th ed., London, Talor & Francis, 2013, pp. 1-13（同巻はまさに決定的であり、膨大な書誌を収めている）.

＊3　Gar W. Rothwell and Diane M. Erwin, « The Rhizomorph of Paurodendron, Implications for Homologies among the Rooting Organs of the Lycopsida », *American Journal of Botany*, 75, 1985, pp. 86-98 ; Liam Dolan, « Body Building on Land – Morphological Evolution of Land Plants », *Current opinion in plant biology*, 12, 2009, pp. 4-8.

＊4　このイメージの起源はきわめて古い。この問題については次の論考を参照。Cari-Martin Edsman, « Arbor inversa. Heiland Welt und Mensch als Himmelspflanzen », in *Festschrift Walter Baetke dargebracht zu seinem 80. Geburtstag am 28. Marz. 1964*, Weimar, 1966, pp. 85-109 ; Luciana Repici, *Uomini capovolti. Le piante nel pensiero dei greci*, Bari, Laterza, 2000.

＊5 Aristote, *De anima*, II, 4 ; 416 a 2 *sq.*（アリストテレス『魂について』，前掲書）

＊6 Averroès, *Commentarium Magnum in Aristotelis « De Anima » libros*, Crawford (éd), CCAA versio Latina vol. VI, 1, Cambridge, 1953, p. 190.

＊7 Guillaume de Conches, *Dragmaticon (Dragmaticon Philosophiae 6.23.4) in Opera omnia*, vol. I, Italo Ronca (ed.), CCCM 152, Turnout, Brepols, p.259 ; Alain de Lille, *Liber in distincitionibus dictionum theologicalium, in* MPL 210 c. 707–708 ; Alexander Neckam, *De naturis regum* 2, 152, ed. Wright, Cambridge, Cambridge University Press, 2012, p. 232 ; Hugo Ripelin, *Compendium Theologicae Veritatis* 2, 57, in Albertus Magnus, *Opera omnia*, (éd) A. Borgnet, Paris, Ludovicum Vivès, 1895, t. 34, p. 78a. それはまれに定型句として，あらゆる形式の知と文章に広まっていた。例として次を参照。Cornelius a Lapide, *Commentaria in Danielem Prophaetam*, cap. IV, v. 6, in *Commentaria in quatuor Prophetas Maiores. Apud Henricum et Cornelium Verdussen*, MDCCIII, p. 1298 ; Id., *Commentaria in Marcum*, cap. VIII, in *Commentarius in evangelia*, 2° ed., MDCCXVII, Venezia, Hieronymi Albritii venetiis, p. 461. フランシス・ベーコンについては次を参照。*Novum Organum* in *Collected Works of Francis Bacon*, vol. 7, part 1, pp. 278–279.

＊8 Carl von Linné, *Philosophia Botanica in qua explicantur Fundamenta Botanica*, Vienne, Ioannis Thomae Trattner, 1763, p. 97.「植物は逆さにした動物であると古くから言われてきた」。

＊9 Charles Darwin, *La Faculté motrice dans les plantes*, Paris, Reinwald, 1882, p. 581. 次も参照。F. Baluška, S. Mancuso, D. Volkmann and P.W. Barlow, « The "Root-brain" Hypothesis of Charles and Francis Darwin Revival after more than 125 Years », *Plant Signaling & Behavior*, 12, 2009, pp. 1121–1127.

＊10 次を参照。Anthony J. Trewavas, *Plant Behavior and Intelligence*, Oxford, Oxford University Press, 2014 ; Stefano Mancuso e Alessandra Viola, *Verde brillante. Sensibilità e intelligenza del mondo vegetale*, Firenze, Giunti, 2013.

＊11 F. Baluška, S. Lev-Yadun and S. Mancuso, « Swarm Intelligence in Plant Roots », *Trends in Ecology and Evolution*, 25, 2010, pp. 682–683 ; M. Ciszak, D. Comparini, B. Mazzolai, F. Baluška, F.T. Arecchi, T. Vicsek, *et alii*,

Swarming Behavior in Plant Roots, PLoS ONE, 7 (1) : e29759.doi : 10.1371/journal.pone.0029759, 2012. このテーマに関する文献も実に膨大な数になっている。とくに以下の論考を参照。F. Baluška, S. Mancuso, D. Volkmann and P.W. Barlow, « Root Apices as Plant Command Centres: The Unique "Brain-like" Status of the Root Apex Transition Zone », *Biologia*, 59, 2004, pp. 9–17 ; E. Brenner, R. Stahlberg, S. Mancuso, J. Vivanco, F. Baluška and E. Van Volkenburgh, « Plant Neurobiology: An Integrated View of Plant Signaling », *Trends of Plant Science*, 11, 2006, pp. 413–419 ; F. Baluška and S. Mancuso, « Plant Neurobiology from Stimulus Perception to Adaptive Behavior of Plants, via Integrated Chemical and Electrical Signaling », *Plant Signaling & Behavior*, 6, 2009, pp. 475–476 ; A. Alpi, N. Amrhein, A. Bertl, M.R. Blatt, E. Blumwald, F. Cervone, *et alii.*, « Plant Neurobiology: No Brain, No Gain? », *Trends in Plant Science*, 12, 2007, pp. 135–136 ; E.D. Brenner, R. Stahlberg, S. Mancuso, F. Baluška and E. Van Volkenburgh, « Plant Neurobiology: The gain is more than the Name », *Trends in Plant Sciences*, 12, 2007, pp. 285–286 ; P.W. Barlow, « Reflections on "Plant Neurobiology" », *BioSystems*, 92, 2008, pp. 132–147 ; F. Baluška (ed.), *Signalling in Plants*, Berlin/New York, Springer Verlag, 2009. 次の最近の宣言書も参照。P. Calvo, « The Philosophy of Plant Neurobiology: A Manifesto », *Synthese*, 193, 2016, pp. 1323–1343.

*12 アンソニー・J・トレワバスは頭脳的ではない知性概念を定義づけようと試み、ベルトージックが頭脳的排外主義と呼ぶものにそれを対置している。次を参照。Anthony J. Trewavas, *Plant Behavior and Intelligence, op. cit.*, p. 201 *sq.* ; Id. « Aspects of Plant Intelligence », *Annals of Botany*, 92, 2003, pp. 1–20 ; Frank T. Vertosick, *The Genius Within. Discovering the Intelligence of Every Living Thing*, New York, Harcourt, 2002. トレワバスの提唱へのいくつかの批判（実際にはきわめて弱いものだが）としては、とくに次のものを参照。Richard Firn, « Plant Intelligence: An Alternative Viewpoint », *Annals of Botany*, 93, 2003, pp. 475–481 ; F. Cvrčková, H. Lipavská and V. Žárský, « Plant Intelligence: Why, Why not or Where? », *Plant Signal Behaviour*, 4 (5), 2009, pp. 394–399.〈土〉を頭脳と見る考え方は、マーシャル・マクルーハンの晩年のテクストに非常に頻繁に繰り返されている。Marshall McLuhan, « The Brain and the Media: The "Western" Hamisphere », *Journal of communication*, vol. 28, 1978, pp. 54–60.

＊13　このことをきわめて明確に述べているのがダヴ・コラーである。「この点に関して、ごく少数の植物を除いたほぼすべての植物は、必然的に二面的である。身体の一部は常に中空環境にあり、身体の残りの部分は土中にある。植物におけるそうした構造的区分は機能にもとづいている」（Dov Koller, *The Restless Plant*, Elizabeth Van Volkenburgh（ed.）, Cambridge, Harvard University Press, 2011, p. 1）．人類学における存在論的二面性概念については、次の力作を参照。Eben Kirksey, *Emergent Ecologies*, Durham, Duke University Press, 2015 ; René ten Bos, « Towards an Amphibious Anthropology : Water and Peter Sloterdijk », *Society and Space*, 27, 2009, pp. 73-86. ただしこの場合も、生物学での同概念の正統な使用法と同じく、二つもしくはそれ以上の環境に継続的に生息することが前提の考え方になっている。

＊14　Julius Sachs, « über Orthotrope und Plagiotrope Pflanzenteile », *Arbeiten des Botanischen Instituts in Würzburg* 2, 1882, pp. 226-284.

＊15　重力屈性については、引用したシャモビッツ、カルバン、コラーの論文のほか、次の古典的著書も参照のこと。Theophil Ciesielski, *Untersuchungen über die Abwärtskrümmung der Wurzel. Beiträte zur Biologie der Pflanzen 1*, 1872, pp. 1-30 ; Peter W. Barlow, « Gravity Perception in Plants: A Multiplicity of Systems Derived by Evolution? », *Plant, Cell and Environment*, 18, 1995, pp. 951-962 ; R. Chen, E. Rosen and P.H. Masson, « Gravitropism in Higher Plants », *Plant Physiology*, 120, 1999, pp. 343-350 ; C. Wolverton, H. Ishikawa and M.L. Evans, « The Kinetics of Root Gravitropism: Dual Motors and Sensors », *Journal of Plant Growth Regulation*, 21, 2002, pp. 102-112 ; R.M. Perrin, L.-S. Young, N. Murthy, B.R. Harrison, Y. Wang, J.L. Will and P.H. Masson, « Gravity Signal Transduction in Primary Roots », *Annals of Botany*, 96, 2005, pp. 737-743 ; Miyo Terao Morita, « Directional Gravity Sensing in Gravitropism », *The Annual Review of Plant Biology*, 61, 2010, pp. 705-720.

＊16　Augustin Pyramus de Candolle, *Organographie végétale ou Description raisonnée des organes des plantes*, Déterville 1827, p. 240. このモチーフはすでにしてアリストテレス的だ。次を参照。Aristote, *De anima*, II, 4 ; 416 a 2 *sq.*「植物はその根を下方に伸ばすことで成長する、と主張した際のエンペドクレスは正しくなかった。なぜならそれは土の元素が自然に向かう方向にほかならないからだ。また植物が上方に伸びるのは、火

の元素がその方向に向かうからである」。

＊17 Thomas Andrew Knight, « On the Direction of the Radicle and Germen during the Vegetation of Seeds », *Philosophical Transactions of the Royal Society*, 99, London, 1809, pp. 108-120, ここでは p. 108. ナイト以前には、アンリ＝ルイ・デュアメル・ド・モンソー（ナイトが引用している）が、「湿った場所に積んだどんぐりが発芽する際には、偶然によってどんぐりがどのような状況に置かれていようとも、すべての幼根が土壌に向かい（中略）、あらゆる種類の葉が上方に向かうことが常に認められる」（Henri-Louis Duhamel de Monceau, *La physique des arbres, où il est traité de l'anatomie des plaintes et de l'économie végétale*, Paris, Guérin et Delatour, 1758, p. 137）ということの理由を説明しようと試みていた。

＊18 Julius Sachs, « Über Orthotrope und Plagiotrope Pflanzenteile », art. cit.

＊19 Charles Darwin, *La Faculté motrice des plantes, op. cit.*, p. 199 et 575.

＊20 Dov Koller, *The Restless Plant, op. cit.*, p. 46.

＊21 Charles Darwin, *La Faculté motrice des plantes, op. cit.*, p. 200.

＊22 Friiedrich Nietzsche, *Ainsi parlait Zarathoustra*, prologue. §3, traduit de l'allemand par Maël Renouard, Paris, Rivage, coll. « Petite Bibliothèque Rivage », 2002, p 33.（ニーチェ『ツァラトゥストラかく語りき』、佐々木中訳、河出文庫、二〇一五）

＊23 Aristote, *De Plantis*, 817 b 20-22.

11 最も深いところにあるもの、それは天体である

＊1 Kliment Timiryazev, *The Life of the Plant. Ten Popular Lectures*, Moscow, Foreign Languages Publishing House, 1953, p. 341, p. 188 も参照。「植物を緑色に染めているのは、葉全体ではなく葉緑体である。それは太陽と地上に生きるすべてのものとを繋ぐリンクの働きをしている」。

＊2 Julius Mayer, *Die organische Bewegung im Zusamenhang mit dem Stoffwechsel. Ein Beitrag zur Naturkunde*, Heilbronn, Drechsler'sche Buchhandlung 1845, pp. 36-37.

＊3　Friiedrich Nietzsche, *Ainsi parlait Zarathoustra*, prologue. §3, *op. cit.*, pp. 33-34.

＊4　ドゥルーズ＝ガタリによる〈ジオフィロソフィ〉の提唱以来、このような地球中心主義は明白になった。次を参照。Gilles Deleuze et Félix Guattari, *Qu'est-ce que la philosophie ?*, Paris, Minuit, 1991（ドゥルーズ＝ガタリ『哲学とは何か』、財津理訳、河出文庫、二〇一二）; R. Brassier, *Nihil Unbound. Enlightenment and Extinction*, London, Palgrave, 2007 ; Eugene Thacker, *In the Dust of this Planet. Horror of Philosophy*, vol. 1, Winchester, Zero Books, 2011 ; Ben Woodard, *On an Ungrounded Earth, Towards a New Geophilosophy*, New York, Punctum Books, 2013. こうした潮流に対して、次の力作は例外をなしている。Peter Szendy, *Kant chez les extraterrestres. Philosofictions cosmopolitiques*, Paris, Minuit, 2011.

＊5　Edmond Husserl, « La Terre ne se meut pas »（1934）, traduit de l'allemand par D. Franck, D. Pradelle et J.-F. Lavigne, in *Philosophie*, Paris, Minuit, 1989, pp. 15-16.

＊6　*Ibid.*, p. 12.

＊7　*Ibid.*, p. 19.

＊8　*Ibid.*, p. 23.

＊9　*Ibid.*, p. 21.

＊10　*Ibid.*, p. 27.

＊11　Gilles Deleuze et Félix Guattari, *Qu'est-ce que la philosophie ?, op. cit.*, p. 82.

＊12　Nicolaus Copernicus, *De revolutionibus libri sex*, I.10, in *Gesamtausgabe*, H.M. Nobis und B. Sticker（Hrsg.）, vol. II, Hildesheim, 1984, p. 20（コペルニクス『完訳　天体回転論』、高橋憲一訳、みすず書房、二〇一七）. コペルニクス的転回の意義についての文献は実に膨大である。とくに次のものを参照。Michel-Pierre Lerner, *Le Monde des sphères II. La fin du cosmos classique*, Paris, Les Belles Lettres, 2008 ; Alexandre Koyré, *La Révolution astronomique. Copernic, Kepler, Borelli*, Paris, Les Belles Lettres, 2016 ; Thomas S. Kuhn, *La Révolution copernicienne*, Paris, Les Belles Lettres, 2016（トーマス・クーン『コペルニクス革命』、常石敬一訳、講談社学術文庫、一九八九）.

＊13　それは一六世紀の哲学者ジョルダーノ・ブルーノが、コペルニクスの結論から導き出していた結論で

ある。「したがって諸天体の中の一つが地球だが、それは天空と変わらぬ威信と高みを備えていると理解されよう。なぜなら他のいかなる天体とも異なっているからだ」(Giordano Bruno, *Camoeracensis Acrotismus, Opera latine coscripta*, Napoli, F. Fiorentino, 1971, art. LXV)。ブルーノとコペルニクスについては、次の力作を参照のこと。Miguel A. Granada, *El debate cosmológico en 1588. Bruno, Brahe, Rothmann, Ursus, Röslin*, Napoli, Bibliopolis, 1996 ; Id., *Sfere solide e cielo fluido : momenti del dibattito cosmologico nella seconda metà del Cinquencento*, Milano, Guerini e Associati, 2002.

＊14　きわめて異質ながら至極ラディカルで独特な宇宙中心観が、次の傑作に見られる。Fabián Ludueña, *Más allá del principio antrópico. Hacia una filosofia del Outside*, Buenos Aires, Prometeo Libros, 2012. ルドゥエンニャの著作全体が、非・生物的な空間としてのコスモスについての思弁と考えられる。

12　花

＊1　顕花植物の生物学はきわめて複雑だが、その手引きとして以下の普及版がある。Peter Bernhardt, *the Rose's Kiss: A Natural History of Flowers*, Washington DC, Island Press, 1999 ; Sharman A. Russell, *Anatomy of a Rose: Exploring the Secret Life of Flowers*, New York, Perseus Book, 2001 ; William C. Burger, *Flowers: How They Changed the World*, New York, Prometheus Book, 2006 ; Stephen L. Buchmann, *Reason for Flowers: Their History, Culture, Biology, and How They Change Our Lives*, New York, Scribner, 2015.

＊2　Hans André, « La différence de nature entre les plantes et les animaux », *Cahier de Philosophie de la nature IV : vues sur la psychologie animale*, Paris, Vrin, 1930, p. 26.

＊3　そうした観点からすると、次の書籍は不十分だと推測できもするのだが、それ以外ではきわめて豊富な参考資料を誇っている。Oliver Morton, *Eating the Sun: How Plants Power the Planet*, New York, HarperCollins, 2008.

＊4　この問題については、観念論的形態学に関するエドガール・ダケの著書を参照。Edgar Dacqué, *Natur und Seele. Ein Beitrag zur magischen Weltlehre*, München/Berlin, Oldenbourg, 1926. より近代的な観点につい

ては次を参照。Michele Spanò, « Funghi del capitale », *Politica e società*, 5, 2016.

＊5　Hiéroclès, *Hierocles the Stoic: Elements of Ethics, Fragments, and Excerpts*, Ilaria Ramelli (ed.), Atlanta, Society of Biblical Literature, 2009, p. 5.

＊6　*Ibid.*, p. 18. ストア派の〈オイケイオーシス〉概念については、次の文献を参照。Franz Dirlmeier, *Die Oikeiosis-Lehre Theophrasts*, Leipzig, Dieterich, 1937 ; Roberto Radice, *Oikeiosis Ricerche sul fondamento del pensiero stoico e sulla sua genesi*, Millano, Vita e Pensiero, 2000 ; Chang-Uh Lee, *Oikeiosis. Stoische Ethik in naturphilosophischer Perspektive*, Freiburg/München, Alber Verlag, 2002 ; Robert Bees, *Die Oikeiosislehre der Stoa. I. Rekonstruktion ihres Inhaltes*, Würzburg, Königshausen und Neumann, 2004.

＊7　自家不和合性については次の文献を参照。Simon J. Hiscock and Stephanie M. McInnis, « The Diversity of Self-Incompatibility Systems in Flowering Plants », *Plant Biology*, 5, 2003, pp. 23–32 ; D. Charlesworth, X. Vekemans, V. Castric and S. Glémin, « Plant Self-Incompatibility Systems: A Molecular Evolutionary Perspective ». *New Phytologist*, 168, 2005, pp. 61–69.

13　理性とは性のことである

＊1　遺伝子概念の歴史については次を参照。André Pichot, *Histoire de la notion de gène*, Paris, Flammarion, 1999.

＊2　Jan Marek Marci de Kronland, *Idearum Operatricium idea sive hypotyposis et detectio illius occultae virtutis, quae semina faecundat et ex ijsdem corpora organica Producit*, Pragae, 1635.

＊3　Peder Soerensen, *Idea medicinae philosophicae continens totius doctrinae paracelsinae Hippocraticae et galienicae*, Basileae, 1571.

＊4　これらの問題については、次の文献を参照。Walter Pagel, *Paracelsus. An Introduction to Philosophical Medicine in the Era of Renaissance*, New York, Karger, 1958 ; Id., *William Harvey's Biological Ideas. Selected Aspects and Historical Background*, New York, Karger, 1967 ; Guido Giglioni, « Il "Tractatus de batyra sybstatuae energetica" di F. Glisson », *Annali della Facolta di Lettere et Filospfia dell'Universita di Macerata*, 24, 1991, pp. 137–179 ; Id., « La teoria dell'immaginazione nell'Idealismo biologico di Johannes Baptista Van Helmont », *La Cultura*, 29, 1991, pp. 110–145 ; Id., « Conceptus uteri / Conceptus cerebri. Note sull'analogia del concepimento nella teoria della generazione di William Harvey », *Rivista di storia della filosofia*, 1993, pp. 7–22 ; Id., « Panpsychism versus Hylozoism : An Interpretation of some Seventeenth-Century Doctrines of Universal Animation », *Acta comeniana*, 11, 1995 ; Id., *Immaginazione e malattià : Saggio su Jan Baptista van Helmont*, Milano, Angeli, 2000.

＊5　一七世紀フランスの神学者シャルル・ドレランクールの言葉（Charles Drelincourt, *De conceptione adversaria* 1685, pp. 3–4）では次のようになっている。「自然な子宮での胎児形成は、動物の脳における概念形成と同様である」。このアナロジーは両方向的に確立された可能性がある。

＊6　これはペーデル・ソレンセンの着想である。ソレンセンは〈種子〉についてこう記している。「それらは苦しみを伴う労務につくこともない。疲弊をもたらす苦慮も、推論も、疑いももたず、その究極の本質である生命に内在する知でもって仕事をこなすのである。そのような知は、認識による合意や意識をもたないがゆえに、おのれがなすことを知らないといわれるが、実は知っているように思われる。その所業には、神の知による導きが刻まれているからだ」（*Idea medicinae philosophicae, op. cit*, p. 91）

＊7　「われわれの知は両義的に種子と比較される。われわれは感覚的記憶から理性的に推論することによって、知と結びつけて意図的に秩序立てた多くの知覚を獲得するが、種子の場合には知はもとより内在しており、偶有的なことが主体に生じるようにはなっていない。それこそが種子の本質であり、ゆえにより堅牢な生命力が作用しうるのである。われわれの知は、もしそれが与えられたら死滅してしまうだろう」（*ibid.*, p. 91）

＊8　「前言から次のことが明らかになる。感覚よりも一般的で単純な知覚が先に与えられるのであり、結果的に自然的知覚が与えられるのである。そうした知覚は、たとえ感覚的魂に由来するのではないとしても、植物的魂から適切に導かれうる、とあなたはいうだろう。というのもアリストテレスは、動物はまず植物の生命を生き、次いで動物の生命を生きると説いているように思われるからだ。私はこう答えよう。小麦がおのずと植物の形状になっていくのと同様に、卵はそれを生んだニワトリの形状をもつよ

うになる。だがいずれの場合も、始めの形状は完成にいたる段階に応じて、完成から隔たっている。（中略）卵の形状を始まりの感覚的魂と呼ぶ（たとえそういういい方はないにせよ）のが私には好ましく思えるのだが、結局はどういおうと同じであろう。その知覚は感覚的なものではなく、至極自然的なものであろう。そうした事象は小麦の種子においても歴然としており、そこにも同様に自然的知覚が宿っている。それによって植物から生まれたものはおのずと形成されていくのだが、感覚に達することは決してない。それほどまでに、この知覚は明らかに感覚とは別の事象なのである」（Francis Glisson, *Tractatus de natura substantiae energetica*, London, 1672, s. p. *Ad Lectorem*）

*9 「私はこう述べよう。自然的知覚はいかなる仕方でも、おのれの行為を中断したり、出会った対象から気をそらしたりすることはできない。けれども恒久的に自然な渇望を励起し、能力を正しく動機づけることはできるのである」（Francis Glisson, *Tractatus, op. cit.*, s. p. *Ad Lectorem*）

*10 Lorenz Oken, *Lehrbuch der Naturephilosophie*, 3. Aufl., Zürich, Friedrich Schultheiß, 1843, p. 218. オーケンとそのロマン主義的生物学については、次の優れた研究を参照。Sibille Mischer, *Der verschlungene Zug der Seele: Natur, Organismus und Entwicklung bei Schelling, Steffens und Oken*, Würzburg, Königshausen & Neumann, 1997.

14　思弁的独立栄養について

*1 教科の区分に関する書誌も膨大な数に上る。とくに次のものを参照。Jean-Louis Fabiani, « À quoi sert la notion de discipline ». in J. Boutier, J.-C. Passeron et J. Revel, *Qu'est-ce qu'une discipline ?*, Paris, EHESS/Enquête, 2006, pp. 11-34 ; Dan Sperber, « Why Rethink Interdisciplinarity ? », www.interdisciplines.org/confs/archives/archive_3.pdf, 2003-2005 ; Thomas S. Kuhn, « The Essential Tension », in *The Essential Tension*, Chicago/London, The University of Chicago Press, 1977, pp. 320-339 ; John Horgan, *The End of Science. Facing the Limits of Knowledge in the Twilight of the Scientific Age*, Reading, Addison-Wesley, 1996.

*2 次を参照。Ilsetraut Hadot, *Arts libéraux et philosophie dans la pensée antique. Contribution à l'histoire de l'édu-*

cation et de la culture dans l'Antiquité, Paris, Vrin, 2006.

＊3 この意味において、科学の人類学が近代性と組織化で説明できると信じる、社会的なものと認識論的なものとの奇妙な絡み合いは、より控えめには制度の、つまりとくにこの数世紀にわたり知の行政を管理してきた制度の副産物なのである。以下を参照。Bruno Latour and Steve Woolgar, *Laboratory Life: The Social Construction of Scientific Facts*, Beverly Hills, Sage Publications, 1979 ; Bruno Latour, « Textes à l'appui. Série Anthropologie des sciences et des techniques », in *La Science en action*, traduit de l'anglais par Michel Biezunski et révisé par l'auteur, Paris, La Découverte, 1989.（ラトゥール『科学が作られているとき――人類学的考察』、前掲書）

15 大気のごとくに

＊1 それは思弁的実在論の逆説である。同論は現実の実在を十全に認めようと努めながら、哲学から〈現実的〉認識を取り除き、「哲学に固有のもの」として、文化的にきわめて限定された恣意的な規範によって承認される書物・主体・伝統的議論の閉じた庭へと、再び逃れようとするのである。

解説

山内志朗

著者のエマヌエーレ・コッチャは、中世哲学研究から学究生活を始めたようだが、その後の活躍はきわめて幅広い分野に及んでいる。アガンベン門下で注目が集まっている思想家である。二〇〇五年に『イメージの透明性：アヴェロエスとアヴェロエス主義 *La trasparenza delle immagini: Averroè e l'averroismo*』を刊行したのち、美学的な側面に関心を広げている。

コッチャは、二〇〇九年に京都の伏見稲荷神社を訪れたときにこの書の着想を得たという。植物に囲まれて新しいイメージ哲学を彼は獲得したのだ。しかし俄かに日本の神社に感激して、植物生命に関心を持つようになったということではない。一四歳から一七歳までイタリア中部の人里離れた田舎で、地方の農業学校に在籍したというから、植物への関心は子供の頃に淵源しているようだ。ただ、彼にとっても、植物がすぐに哲学的主題となったのではない。「当時は自分からかくも遠くにあるかに思えた対象へのその応用とが、わたしの世界観を決定的に特徴づけることになった」（vii頁）とあるように、植物生命論への歩みは簡単なものではなかったようだ。

ギリシア哲学を見ても、植物のイメージが豊かに語られる哲学というのは、思い浮かばない。西洋哲学において「自然」は様々に語られてきたが、動物中心的であって、植物へのまなざしは限られたものだった。

私は西洋中世哲学の世界に足を踏み入れ、そこにこだわり続けているのだが、植物が問題として語られることは少ない。アリストテレスは『動物誌』『動物部分論』『動物発生論』などを著しながらも、植物論は残していない。彼の偽書としての『植物論』が残されているだけだ。中世哲学の柱が、アリストテレス著作への註解であったことを考えると、西洋中世に植物論がないのも分からないではない。

私自身は、東北地方の山奥に生まれ、植物や動物に豊かに囲まれて育った。植物の豊かさの程度の甚だしさに辟易して都会に出てきた。植物に囲まれていると、植物は話しかけてくる、そして人間に話しかける存在であると思うようになる。古来日本人はそういった感覚を継承してきたように思う。だからこそ、神社において、神が宿るのは人間の建てた建築物ではなくて、社の背後に広がる禁足の地たる神域にこそ、神は宿る、いやその森そのものが神なのだと私は感じる。

冬の北国には人々を苛むほどの大雪が降る、人々はそれを呪う。しかし、それが山々に降り積もることで、一年を通して豊かな水を供給し、人々の生活を支えてきた。雪とはその意味で恵みであり、その降り積もる山は「水分《みくまり》の山」と言われてきた。そこに住む人々は自然の脅威を呪うこともありながらも、豊かな恵みに感謝をささげるという両義的な仕方で関わってきた。愛憎相半ばする関係がそこにはある。人間と自然は相互浸透的であると同時に、相互反発的な存在なのだ。そういった両義性は忘れられて、現在の人々は自然を天使のごとき清らかなものとして感じる。

食べ物にしても、「ナチュラル」とか「自然」食品という名称において、「純粋無垢で生命を育み健康的な」というイメージがつきものだが、毒になるものも多いわけだから、無邪気な自然賛美を見ると私のように自然過多の環境で育った者には鼻白むところもある。

いずれにしても、自然から豊かに供給される水を直接的に享受するのは、まず植物であろう。動物たちもまた、植物たちや鉱物や土砂が浄化した水を体内に取り込むのだから。自然の形而上学は、私には水というメディアをめぐる存在の変容の知なのである。水と土と空気と太陽こそ、植物生命のエレメントであると私は思う。植物は自然の諸エレメントを結合し、そこから生じる産物を動物と人間に届ける、エレメントの合成機械（machina compositiva elementorum）なのだ。

神社と植物はどのように関わるのか。伏見稲荷神社においても、人々は延々と連なる朱色の鳥居のトンネルに注目するが、実はその背後にある森・山こそが、神の本質なのである。著者のコッチャもまた鳥居に惑わされることなく、日本的な神の姿を感じ取ったのだろう。

植物が哲学的に問われることは少ない。しかしながら、植物が人間の生にとって重要な意義を持っていることは言うまでもない。コッチャは語る。「植物について問うとは、世界に在るとはどういうことか理解することにほかならない。植物は、生命が世界と結びうる最も密接な関係、最も基本的な関係を体現している」（六頁、第1章）。植物の実存的カテゴリーの抽出が重要なのだ。

コッチャはまずは巨視的な視点から植物生命にアプローチしてゆく。「植物は（中略）人間世界から星との距離ほどもかけ離れて生きている」（九頁、第2章）のだが、世界の「構成要素とはすなわち石や水、空気、光などである」（一〇頁、第2章）から、動物や人間の住む環境を整えることとなった。「植物がとりわけ恒久的に変化させたのは、地球の様相そのものだった」(一三頁、第2章)。

植物は、様々な仕方で人間と関わっているが、とりわけ空気との関係において重要な直接的な関係が生じる。「空気は、わたしたちの中に含まれるものにもなり、逆にわたしたちの中に含まれていたものは、わたしたちを取り巻くものにもなるのである」(一四頁、第2章)。相互内在(Ineinander)が基本的関係となる。

コッチャの植物的存在論は世界を捉え直そうとする。「世界とはあらゆる対象から成る論理的な全体とか、存在の形而上学的な総体とかではなく、みずから生成し変化するあらゆるものを貫く物理的な力のこととなる」(二六頁、第4章)。哲学は全体性や統合を目指してきた。世界は相互外在的に存在する諸要素の総体と考えられてきた。存在論的アトミズムが基本的モデルになってきた。しかし、植物を存在者の基本として捉えるとき、まなざしは変わってくる。その際、注目されるべきは葉である。

「植物はなによりもまず葉なのである」(三六頁、第5章)と指摘する。これは植物と人間との関わりにおいて、単に生物学的なレベルにとどまることなく、大きな意味を持つことになる。葉から酸素や水蒸気が放出される。それは動物の肺に吸収されていく。植物が供給者で動物が受容者となるのだ。動物は大気を共有するが、植物と動物の間では非対称的な供給と受容の関係が成立するのだ。植物は空気を蚕食し、動物も空気を蚕食するが、両者は競合しあわない。共生しあう。

人間と植物との共生関係は哲学においてはあまり話題になったことがない。アリストテレスの生物学は基本的に動物学的である。そのことが彼の哲学全体を特徴づけている。その傾向は、その後の西洋哲学の流れを大きく左右してきたように思われる。

コッチャの『植物の生の哲学』はそういった西洋哲学の流れから抜け出ようとする。東洋的な雰囲気と言ってもよいだろう。そこでは植物が存在論の範型となるのだ。

コッチャは「葉」ということに大きな注目を向ける。「植物の全体が葉のもとに見いだされるのであり、ほかの器官は付随物にすぎない。葉こそが植物を産み出している」(三七頁、第5章)。「内容物と器の関係はたえず反転しうる」(三八頁、第5章)、「葉は、開かれているということを表す範例的なかたちである」(三八頁、第5章)。

動物が運動するという機能を本質とするのに対し、植物は静止したまま成長という変化を遂げる。成長にとって必要なのは、同化作用である。水と土からの栄養と窒素と二酸化炭素を取り込み、植物は自らを形成していく。

この同化ということは、一方向的な取り込みの現象なのではない。コッチャは「浸るということ」(immersion)(五四頁、第7章)に注目する。同化というと、生理学的、化学的作用の側面が強く見られるが、「浸ること」においては、生態学的な広がりを持ち、そして、人間の世界との関わりとも結びつくようなところがある。この「浸ること」は、コッチャが伏見稲荷神社の神域で感じたことではないだろうか。

キリスト教の洗礼で、頭まで水に浸かる形式の洗礼を「全身浸礼（total immersion）」という。洗礼とは、「古い人」の死と、「新しい人」としての誕生を意味する。キリスト教の洗礼の中でも「浸礼」という頭まで水に浸かっての洗礼は特にその側面が強い。「古い人」に存在していた罪を洗い流して、新しい人として生まれ変わるという意味がそこにはあった。森や山の中で擬死再生を遂げることこそ修験道の中心教義だが、「浸る」に潜む死と通じるものがあることは注目すべきことだ。

「浸るとはまずもって主体と環境、物体と空間、生命と周辺環境との、相互浸透という〈作用〉なのだといえる」（五四頁、第7章）、「この同時性は受動性と能動性との形式的な同一性と受けとめることができる」（五四頁、第7章）。

浸ることは単に受動的な働きではない。「浸る」ということは、世界に存在する独自のカテゴリーを形成する。植物の存在においては、世界に在るとは、必然的に〈世界を創り上げる〉ことを意味する（五五頁、第7章）。そして、「植物が世界に在ること、それは空気を（再）創造する能力のうちに見いだされる」（六五頁、第7章）。

「世界のうちに存在するとは、アイデンティティを共有するのでなく、常に同じ〈息吹〉

（プネウマ）を共有することだ」（七四頁、第7章）。〈息吹としての世界〉というイメージが現れている。「身を浸す体験」（immersion）こそ、世界に存在する実存形式なのである。私はここに、この『植物の生の哲学』の核心を見出した。

西洋の存在論に一つの大きな水脈が流れていることを私は感じ取る。それは、存在や神を海として捉える発想だ。神に関して語られる名称のうちで最も適切なものは、神とは「ありてある者（Qui est）」である。しかしその意味は何かとなると立場は分かれる。ヨハネス・ダマスケヌス（六五〇年頃―七五〇年頃）は神を「実体の無限なる海（pelagus infinitum substantiae）」と形容した。その表現をヨハネス・ドゥンス・スコトゥス（一二六五／六年―一三〇八年）は少し変形して用いる、「無限なる実体の海（pelagus infinitae substantiae）」と。

スコトゥスの理解では、ダマスケヌスの表現は神を「諸完全性の海」、つまりあらゆる完全性を現実的に形相的に含むものとしてある。しかしながら、また同時に、ただ一つの単一なものとしてあると考えた。この神の海のごときあり方を、キリスト教の神固有の性質と捉え、「個体本質（'haec' essentia）」と繰り返し呼び、そのあり方を被造物の個体性の原型と捉えた。無数の植物から成る自然もまた「海」だ。「海」という存在のあり方を述べたのが、ドゥンス・スコトゥスの存在一義性という思想だった。海から立ち現れ、海に戻っていくという存在の往還を述べるのが、存在一義性であり、海に戻っていくことを死として捉えれば、存在は常に死をはらんでいるし、死をはらむ限りで、全体と懐かしい関係に入ることができる。

ここで、本書で描かれる自然観と日本人の自然観とを比較してみたくなる。日本の自然観を知るうえでは「カミ（神）」の概念を通らずに済ませるわけにはいかない。

日本人の神観念を最も的確に表すものとして引用されるのは、本居宣長の「カミとは、古の御典等に見えたる、天地の諸々の神たちを始めて、其を祀れる社に坐す御霊をも申し、又人はさらに云はず、鳥獣木草のたぐひ、海山など、其余何にまれ、尋常ならずすぐれたる徳のありて、可畏き物をカミとは云なり」（『古事記伝』）という一節である。宣長によれば、人間、自然、動植物など、何であっても異常な力を有し、畏敬されているものはすべて「カミ」とされていたわけである。

日本では、実に多様なものが「カミ（神）」とされている。そのジャンルを神体に即して分類してみる。

一、自然物、自然現象［太陽、月、星、風、雨、雷、山、川、沼、湖、滝、巨岩、巨石］
二、鳥獣等の動物［蛇、馬、猫、牛］
三、植物［松、杉、檜、榊、楠、椿、桜、森全体］
四、社会に関する神［鎮守、氏神、塞の神、道祖神］
五、生活に関わる神［歳の神、農耕神、漁業神、狩猟神、疫神］
六、人間が神となるもの

一、二、三が「自然神」、四、五、六が「人間神」と整理される場合もある。それぞれの神が、長い、複雑な歴史的経緯を含み、地域により偏差があって、いまだに結論の出ていないものも少なくない。ここでは自然神に話を限定しよう。

一　自然神において、多くは神が示現・移動するための媒介物、臨時の神座として表象されている。これは、依代《よりしろ》、神籬《ひもろぎ》、神体と呼ばれたりする。また、特に移動のために人間によって造られたものが用いられたりもするが、本来、依代は神が臨時に坐すものであった。次第に、神が常住する場合には、神そのものとして祀られるようになった。

二　鳥獣等の動物は、本来、神の使いとして考えられていたようだが、神の現象形態として表象されていたところもあり、依代としての性格が強く見られる。

三　植物については、根を有した古木の場合、神が立ち現れる神霊的事物・場所であり、〈現象のための依代〉の性格が強い。

これらの自然物は、神の依代として説明されることが多い。というのも、神がそこに鎮座すると語られたり、祭りの際には、御輿、柱、梵天などの可動的依代に神は乗り移ることで、神自身が移動すると考えられるからである。自然物は、動かせば祟りがあるものとして考えられることが多いから、基本的に不動のものである。つまり、自然物は不動の依代であるということになりそうだ。

山岳信仰の場合、山岳が、神の宿る場所、神の住まう場所なのではなく、山岳そのものが神であるという表象の方が主流である。現代においても、山に登るときに、山中で神に出会うのではなく、〈神に入る＝神が入る〉という表象を持っている人が多いと思われる。そもそも依代という発想そのものに神を物象化して、時間空間において限定したものと捉えようとする理論的前提があるようにも思われる。神という実体と、それが宿る場所・事物とに二項分割して考える発想そのものが、依代を実体論的に何ものかに内属するものとして捉えようとする考え方に大きく拘束されているのである。神を鎮めるためには、名称を与え、祈りの対象としての性格を付与しなければならないからである。しかし、自然が、スピノザの「神即自然」として語られるような内在的な神として考えられる場合、神は空間的に限定されたものと言うよりは、「場・領域」としてあることになる。

修験道の山に、結界が張られたり、神子石や姥石が置かれているのは、結界の内側が神の住まう場所であるというよりも、山岳が神そのものであり、したがって、山岳登拝は神の中に入り、神と交流し、神と一体化することと捉えられていたのである。その際、拝所・秘所が複数設定されるが、その最後の拝所・秘所が自分自身であるということは最終奥義を表す。これを体験するために、体で知るために人々は山に登った。山に入り、苦行をして、自己を忘れることで、自己に出会うことができるから。このような枠組においてこそ、神はどこにでも存在し、どこにも存在しないという規定を充たすことができる。

もし様々な自然物が依代であれば、その背後に実体としての神が控えていて、その神は特定の名前を有するということになりそうだ。神仏習合が進み、本地の仏名と垂迹《すいじゃく》の神名と現象形態としての権現がかなり定着した後でも、多くの鎮守神、山神は無名のままにとどまった。それが本来の姿なのだ。山が神格（ペルソナ）としての名前を持つように、仏教流入以来、規格化が進んできたけれど、「山の神」はいつも無名のまま、樹々に満ちた山の中を、名前や個体性を振り捨てるように、風として吹き渡っている。風や息吹に名前がないように神にも名前はない。

私自身は、湯殿山の先達（山伏の一種）の家に生まれ、有り余るほどの自然と植物に囲まれて育った。こういった私の自然の中での少年時代は、『湯殿山の哲学』（ぷねうま舎、二〇一七年）で述べておいた。この本の著者として、本書の植物生命論という視点は、とても親しく感じられる。植物とは多くの日本人にとってそうであるように、友達なのだ。植物は個体として友人なのではなく、種（普遍）として友人なのだ。

山の中で住まう限り、神はいつも近しい。神が山に宿るというよりも、山そのもの、緑なす植物たちの醸す息吹こそが「カミ」であった。そこでは葉は風を感じる器官（sensorium ventorum）なのである。著者のコッチャには、湯殿山にも参詣してほしかった。さらに新しい論点が加わったと思う。

著者　Emanuele Coccia（エマヌエーレ・コッチャ）
パリの社会科学高等研究院（EHESS）准教授。研究分野は中世哲学、キリスト教的規範性の歴史と理論。フライブルク大学准教授を経て現職。著作に *La trasparenza delle immagini. Averroè e l'averroismo* (Milan, Mondadori, 2006), *La vie sensible*（tr. de M. Rueff, Payot et Rivages, Paris, 2010）, *Le Bien dans les choses*（tr. de M. Rueff, Payot et Rivages, Paris, 2013）など。

訳者　嶋崎正樹（しまざき・まさき）
仏語翻訳家・放送通訳。著書に『ル・モンドで学ぶ時事フランス語』（IBC パブリッシング、2015）、訳書に、ピエール・コネサ『敵をつくる：“良心にしたがって殺す”ことを可能にするもの』（風行社、2016 年）、ピエール・ロザンヴァロン『カウンター・デモクラシー』（岩波書店、2017 年）など。

解説　山内志朗（やまうち・しろう）
慶應義塾大学名誉教授。倫理学専攻。山形県生まれ。研究分野は、西洋中世・倫理学、バロックスコラ哲学。著作に、『新版 天使の記号学：小さな中世哲学入門』（岩波現代文庫、2019 年）、『過去と和解するための哲学』（大和書房、2018 年）、『湯殿山の哲学：修験と花と存在と』（ぷねうま舎、2017 年）ほか多数。

植物の生の哲学　混合の形而上学

2019年８月30日　第１版第１刷発行
2023年８月20日　第１版第５刷発行

著　者　エマヌエーレ・コッチャ

訳　者　嶋《しま》　崎《ざき》　正《まさ》　樹《き》

解　説　山《やま》　内《うち》　志《し》　朗《ろう》

発行者　井　村　寿　人

発行所　株式会社　勁《けい》　草《そう》　書　房

112-0005　東京都文京区水道2-1-1　振替　00150-2-175253
（編集）電話　03-3815-5277／FAX　03-3814-6968
（営業）電話　03-3814-6861／FAX　03-3814-6854
本文組版　プログレス・港北出版印刷・松岳社

ISBN978-4-326-15461-6　　Printed in Japan

＊落丁本・乱丁本はお取替いたします。
ご感想・お問い合わせは小社ホームページから
お願いいたします。

https://www.keisoshobo.co.jp

メタモルフォーゼの哲学

E・コッチャ　松葉 類・宇佐美達朗 訳

わたしたちはただ一つの同じ生である。その生は移動し、増殖し、変形する。まったく新しいエコロジーを導く、メタモルフォーゼの形而上学。

三三〇〇円／四六判／二二四頁
15484-5

動物のまなざしのもとで
種と文化の境界を問い直す

鵜飼 哲 編著

「動物たちの自由が私の自由の保証」——動物という扉から開かれる文学世界の広さ、深さ、豊かさを通して、種差別主義のかなたにもうひとつの文化を想像する。

四四〇〇円／A5判／三五二頁
10306-5

初期中世の哲学

J．マレンボン　中村 治 訳

西欧文明の起源をたずね、プラトン、アリストテレスの受容を契機とする中世初期、ボエティウス、スコトゥス、アベラルドゥスの論理学／自然学／文法学／神学をさぐる。

四四〇〇円／A5判／二九六頁
10094-1

後期中世の哲学

J．マレンボン　加藤雅人 訳

中世大学の制度、学問の方法（論理学）、テキスト（アリストテレスやギリシャ、アラビア、ユダヤの哲学）の分析から入り、トマス、スコトゥス、オッカムの知識認識に迫る。

四四〇〇円／A5判／二九六頁
10080-4

＊表示価格は二〇二三年八月現在。消費税（一〇％）が含まれております。